학교에 페미니즘을
FEMINISM in SCHOOLS

국립중앙도서관 출판예정도서목록(CIP)

학교에 페미니즘을 / 초등성평등연구회 지음.
서울: 마티, 2018
184p.; 145×210mm
ISBN 979-11-86000-62-5 03330: ₩13,000
페미니즘[feminism]

337.2-KDC6
305.42-DDC23
CIP2018011194

학교에 페미니즘을

초등성평등연구회 지음

마티

FEMINISM in SCHOOLS

3장
학교가 페미니즘을 만났을 때

함께 읽어요

여는 글

교과서로 대표되는 표면적 교육과정과 달리 학교생활을 하는 동안 부수적 또는 산발적으로 교육 효과를 불러일으키는 경험이나 활동을 '잠재적 교육과정'이라고 한다. 공교육의 표면적 교육과정에 '양성평등'이라는 교육 목표가 들어온 지는 제법 오래되었다. 하지만 아이들의 생활과 생각에 더 큰 영향을 미치는 잠재적 교육과정, 그러니까 학교의 규칙이나 분위기, 교사들의 한마디는 그다지 성평등하지 못한 듯하다.

성평등이라는 시각에서 보면 교육 현장의 현실은 좀 막막하다. 대부분의 학교에서 남학생 출석번호를 1번부터 매기고 여학생은 51번부터 시작한다. 운동회 선물은 여전히 '여아용'과 '남아용'이 따로 준비되고, 교과서 속 엄마는 늘 앞치마를 하고 있다. '앙 기모띠'로

대표되는 혐오표현은 아이들 사이에서 유행처럼 번져 있지만, 왜 이
표현이 나쁜 표현인지 아이들에게 설명하고 이야기를 나누는 시간을
가지기란 쉽지 않다. 이뿐인가. 여자아이들은 아이돌 걸그룹을
동경하며 급식을 거르거나 남기기 일쑤이다. 학교는 지금 어디로
향하고 있는 걸까.

초등성평등연구회는 이러한 문제의식을 공유하는 전국의 초등
교사들 모임으로, 2016년 강남역 살인사건을 계기로 발족했다. 현재
스물두 명의 교사가 정기적으로 만나 페미니즘 교육 현안에 대해
논하고 성평등 수업 자료를 준비하는 등 활발한 활동을 이어가고
있다.

초등성평등연구회 소속 초등 교사 아홉 명이 참여한 이 책은
자신이 몸담고 있는 학교가 여성혐오로 물든 공간이라는 사실을
아프게 깨닫고 아이들과 함께 성평등한 교실을 만들어나가는 과정과
그 사이 겪은 고민들을 담고 있다.

1장 '여자 아니면 남자라는 틀 속에서'는 어른이 아이를 손쉽게
'관리'하기 위해 습관적으로 쓰는 성별이라는 틀이 얼마나 무용하고
심지어 해로운지에 대해 다룬다. 이는 어차피 성별은 두 개인데
양성평등이 아니라 성평등이라는 말을 굳이 쓸 필요가 있느냐는
질문과도 연결되는 내용이다. 성별의 색안경을 벗고 아이들이, 아니
인간이 얼마나 다채롭고 모순적이고 설명하기 어려운 자기만의
세상을 만들어가고 있는지 투명하게 바라볼 수 있으면 좋겠다는

바람들이 글 곳곳에 담겨 있다.

　2장 '교실을 낯설게 보기'에서는 교실의 일상을 페미니즘의 렌즈로 자세히 들여다본다. 화장하는 여자아이와 화장하지 않는 것을 당연하게 여기는 남자아이, 놀이 시간이 생기자마자 밖으로 뛰쳐나가는 남자아이와 체육시간에조차 뛰놀지 않으려는 여자아이…. 많은 사람이 별 위화감 없이 받아들이는 학교 안 풍경을 비틀어 보는 한편, 아이들의 행복한 삶을 위해 무엇을 해야 할지 고민하는 데 하루를 다 쓰는 페미니스트 교사들의 솔직한 고민들을 풀어보았다.

　3장 '학교가 페미니즘을 만났을 때'에서는 페미니즘 교육이 무엇이고 왜 필요한지 나름의 생각들을 정리했다. 동성애 교육, 남성혐오 교육 등 페미니즘 교육에 대한 오해는 한두 가지가 아니다. 구체적으로 어떤 교육을 하는지 모르는 상태로 자극적인 정보를 먼저 접하게 된 탓이 크다고 생각한다. 교실에서 남자아이와 여자아이는 서로 대립하는 상대가 아니며, 가해자와 피해자도 아니다. 글을 쓴 교사들은, 이미 몸에 밴 고정관념을 떼어놓고 아이를 훈육과 지도의 대상이 아니라 동료 시민으로 대하기 위해 교사로서의 권력을 내려놓는 과정이 페미니즘 교육을 하면서 가장 어려웠던 점이라고, 그리고 여전히 어렵다고 고백한다. 그들의 치열한 고민과 아이들을 생각하는 마음, 페미니즘이 교육에서 어떤 성취를 거둘 수 있을지에 대한 기대가 각 글에 고스란히 녹아 있다.

이 책에 참여한 페미니스트 교사들은 기울어진 세상에서 아이들이 미끄러지지 않도록, 미끄러지더라도 그것이 자신의 잘못이라고 여기지 않도록, 더 나아가 기울어진 세상을 '정상'이라고 여기지 않도록 생각하는 법을 길러주고자 노력하고 있다. 무엇 하나 쉽게 정답을 낼 수 없는 문제들이지만, 지금껏 숨겨져 있었던 교실 안 성 고정관념과 여성 및 소수자 혐오를 마주하고 어떻게 해결할지 고민하는 사람이 늘어나는 데 기여할 수 있다면 이 책은 그 역할을 다 했다고 해도 좋을 것 같다.

2018년 4월
이 책에 참여한 선생님들을 대신하여
서한솔 씀

1장
여자 아니면
남자라는 틀 속에서

내가 아들이었으면 교대에 보냈겠어?

김은혜

엄마는 1953년생이다. 당시 여성으로는 드물게 대학까지
나오셨다. 시골에서 어렵게 살던 홀어머니 아래서 자란 4남매 중
셋째 딸이라는 점에서 꽤 파격적인 일이다. 외할머니는 공부를
잘했던 딸들은 대도시로 '유학'을 보내고 아들들은 근방 학교로
진학시켰다고 한다. 그 후 초등 교사가 된 엄마는 평생 맞벌이를
하며 남편과 동등하게 경제 활동을 하고 가계를 유지한다는
자부심을 갖고 사셨다. 그런 엄마 밑에서 딸 둘 중 첫째로 태어나
'집안의 기둥', '장남' 소리를 듣고 자란 나는 내가 남자와 다르다는
생각을 해본 적이 없었다.

내가 페미니스트임을 선언했을 때 가장 의아해한 사람은
엄마였다. 엄마는 요즘처럼 성평등한 시대에 왜 페미니즘이

필요하냐며 반문했다. 그런 엄마에게 내가 물었다.

"엄마는 내가 아들이었으면 이렇게 똑똑한 남자애를 교대에 보냈겠어?"

엄마의 대답은 뭐였을까.

엄마와 이야기를 나누다 얼마 전 학교에서 있었던 '진로 말하기 대회'가 떠올랐다. 각 반 대표로 나온 아이들이 자신의 꿈을 발표하는 자리였다. 첫 발표를 맡은 아이의 꿈은 법조인이었다.

"저는 앞으로 커서 법조계의 큰 별이 되고 싶습니다."

아이는 꿈을 이루기 위해 앞으로 인생을 어떻게 살아야 할지까지 야무진 계획을 들려주었다. 뒤를 이어 차례로 아이들이 발표를 이어나갔다.

"저는 예쁜 옷을 만드는 패션 디자이너가 되고 싶습니다."

"저는 손흥민 선수처럼 멋진 축구선수가 되고 싶습니다."

"우리 선생님처럼 아이들을 가르치는 초등학교 선생님이 되고 싶습니다."

"저는 AI 로봇을 만드는 과학자가 되고 싶습니다."

굳이 따지고 들지 않으려 했지만 어쩐지 마음에 걸리는 것이 하나 있었다. 아이들은 성별에 따라, 더 거칠게 말해 성별에 '맞게' 꿈을 말한 것 같았다. '큰 별'이나 '멋진'의 수식어를 쓰며 법조인, 축구선수, 과학자가 되고 싶다던 아이들은 남자아이였고, 절대적으로 여성의 비율이 높은 직업군인 초등학교 교사를 꿈꾸거나

김은혜

어린이용 애니메이션에서 여자 캐릭터가 자주 맡곤 하는 패션 디자이너가 꿈이라던 아이들은 여자아이였다. 성별을 막론하고 겹치는 직업은 오직 하나, 요리사뿐이었다. 다른 성별끼리는 장래희망의 결도 달랐던 것이다. 같은 나이에 같은 교실에서 같은 교육과정을 배우는 아이들의 직업군이 성별로 나뉘어 있다는 사실에 마음이 착잡해졌다.

아이들의 이러한 '구분'은 어디에서 비롯되었을까. 아이들은 진공 상태에 있지 않으니 매 순간 수시로 다양한 평가와 기대의 말을 듣는다. 언젠가 성평등 수업을 하면서 『여자와 남자는 같아요』라는 그림책을 아이들에게 읽어준 적이 있다. 책에서 어른들은 남자아이에게는 "강해지거라", "용감해야지", "공부 잘하렴", "최고가 되어라" 같은 기대의 말을 건네고, 여자아이에게는 주로 "정말 예쁘구나!", "참 말을 잘 듣네", "참 여자답구나", "정말 상냥한 아이야" 같은 칭찬을 건넨다. 책을 읽어 준 후 아이들과 이런저런 이야기를 나누다 여자아이들에게 물었다. "여러분은 평소에 하고 싶은 말이나 행동을 참을 때가 많나요?" 여자아이 대다수가 "그렇다"고 답했다. 몇몇 남자아이는 정말로 이해가 안 된다는 표정으로 되물었다. "그냥 말하면 되잖아. 왜 안 해?"

　책에서처럼 현실에서도 남자아이는 대체로 타인을 앞서거나 위를 향해야 한다는 기대의 말을 많이 듣는 듯하다. 그에 비해 여자아이는 타인을 뒷받침하고 조용히 제 할 일을 해내는 때에 더 큰 칭찬을 받는 편이다. 교실에서 아이들의 행동 패턴을 가만히 지켜보면, 자신의 요구 사항을 큰 목소리로 이야기하는 쪽은 대부분 남자아이다. 수업 내용과 관계없는 이야기를 참지 않고 그대로 말하는 것도 거의 남자아이다. 수업에 방해가 될 정도로 떠들어 지적을 하면 "왜 남자에게만 지적을 하느냐"고 제 나름의 방어를 하는 경우도 있다. 반면 여자아이의 의사 표현 방식은 좀 다르다. 개인적인 관계에서는 자기표현을 잘하면서도 공개적인 발언은 거의 하지 않는다.

한편, 남학생은 여학생에게 지는 것을 참지 못한다. 수업 자료에 남자가 여자를 이기거나 남자가 무언가를 잘하는 장면이 나오면 "역시 남자가 잘해", "여자는 저런 거 못 해" 등의 발언을 하는 남자아이가 반마다 꼭 몇 명 있었다. 여자 대 남자 팔씨름 경기나 달리기에서 진 남자아이는 자존심이 너무 상한다며 울음을 터트리기도 했다. 물론 많은 아이가 실패나 패배를 받아들이기 어려워한다. 하지만 남자아이가 여자아이를 상대로 졌을 때 더 큰 실망과 분노를 느낀다는 것은 분명하다. 내가 이상한 점은, 여자아이는 남자아이에게 졌을 때 자존심이 상한다고 울지 않는다는 것이다. 자존심이 상했을 수도 있지만 적어도 표현하지 않는다.

고백하자면 나도 교실에서 여자아이와 남자아이에게 거는 기대가 달랐다. 더 솔직히 말하면 남자아이보다 여자아이를 가르치는 것이 훨씬 편했다. 급식실로 이동하는 점심시간, 여자아이들은 내가 말하지 않아도 한 줄로 서서 조용히 기다린다. 반면 남자아이들은 삐뚤삐뚤 제멋대로 서 있고 군데군데 빠진 아이들은 복도를 뒹굴며 몸싸움 중이다. 한참 잔소리를 하고 소리를 지르고 나서야 그나마 줄의 모양 같은 것이 생긴다. 사실 힘들다는 핑계로 나는 많은 것을 내버려두었다. 남자아이들의 지저분한 사물함과 엉망진창인 서랍, 괴발개발 날려 쓴 알림장, 쉬는 시간에 운동장에 나갔다가 수업 시간에 늦게 들어오는 것까지 은연중에 '남자아이니까' 하며 넘어갔다. 수업 중에 산만하고 시끄러워도 '남자애들은 어쩔 수 없지' 체념하고(때로는 이해하고) 바로잡지 않았다. 반면 여자아이의 깨끗한 글씨나 꼼꼼한 청소, 한 줄로 선 반듯한 줄, 조용하게 집중하는 수업 태도는 아주 당연하게 생각했다. 따로 칭찬을 해준 적도 많지 않았다.

아이의 보호자 역시 이러한 성별 이분법에서 벗어나지 못하는 경우가 많다. 교실에서 비슷하게 말썽 없이 조용한 학생이라도 여자아이의 보호자는 아이가 얌전한 편이라며 안심하고, 남자아이의 보호자는 숫기가 없고 활발하지 못하다며 걱정한다. 남자아이에게 당연한 것이 여자아이에게는 흠이 되고, 여자아이에게 당연한 것이 남자아이에게는 해서는 안 될 행동이 된다.

2017년 8월, 남성 유튜버 김윤태가 생방송 도중 갓건배라는 여성 유튜버를 살해하겠다고 공언하고 그 과정을 생방송한 사건이 있었다. 갓건배는 온라인 게임에서 남성 유저들에게 욕이나 조롱을

해 유명해졌는데, 그간 남성 게임 유저가 여성 게임 유저에게 서슴지
않고 했던 욕설과 희롱을 그대로 따라한 것이었다.

김윤태뿐 아니라 많은 남성 유튜버가 여성 혐오 방송을 하지만
여성 유튜버 중에서는 아무도 김윤태처럼 건방진 남자를 죽이러
가겠다고 뛰쳐나가는 방송을 하지 않는다. 반대로 남성을 비하하고
깔본 여성은 언제든 그리고 얼마든지 살해 협박을 받을 수 있다는
것, 이것이 김윤태 사건의 핵심이다. 대체 왜? 김윤태는 자신이 어렸을
때부터 누나보다 못한 대접을 받은 탓에 폭력적이고 여성 비하적인
방송을 하게 되었노라고 밝혔다. 김윤태의 공개 살해 협박 사건은
여성보다 더 나은 대접을 받지 못하는 것이 소위 '남성성'의 위기인 양
대하는 사회에서 나타나는 기형적인 현상인 것이다.

더 놀라운 것은 많은 사람이 김윤태를 응원하는 영상을
올리며 동참했다는 것이다. "갓건배에게도 잘못이 있다", "까부는
여자는 죽어도 싸다", "김윤태는 정당한 행동을 했다" 따위의
멘트를 날리면서 말이다. 그중 상당수는 초등학교 남학생인 것으로
밝혀졌다. 까부는 여자를 '처벌'하는 남자의 행동이 정당하다고
배우는 아이들이 자라고 있다.

나는 이런 사회를 되물림 하고 싶지 않다. 그래서 「마법의 성」을
"저런 건 여자애들이나 부르는 노래"라며 부르기 싫어하는 남학생이
이 노래를 즐겁게 부를 수 있게 지도한다. '남성성'에 금이 간다고
할 수 없다고 생각하는 것을 신나게 즐길 수 있는 교실이 되도록
하기 위해서다. 그리고 여학생이 말끔하게 청소를 했을 때 "역시

여자애들이 잘하네" 같은 표현은 절대로 쓰지 않는다. 다만 깨끗이 청소한 행동에 대해서만 칭찬한다. 출석 번호가 남학생부터 시작하는 학교 방침 때문에 항상 뒤에서 기다려야 하는 여학생들에게 앞에 설 수 있는 기회를 준다. 여학생은 앞에서 할 수 있는 기회를 얻어 좋고 남학생은 항상 앞에 나와야 하는 부담이 덜어져 좋아한다.

"내가 아들이었으면 이렇게 똑똑한 남자애를 교대에 보냈겠어?"
    엄마는 잠시 말이 없었다.
    "생각해보니 그렇네."
    엄마는 그 말은 맞다며 수긍했다. 여자아이가 도시에 있는 중학교에 진학하는 것만으로도 대단한 특권을 누렸다고 여겨지던 시대에 자랐던 엄마는 그때와 비교하면 지금은 성평등이 이루어졌다고 생각했을 것이다. 그러나 과거의 불평등이 조금 개선되었다고 해서 지금이 괜찮다고 여기는 것 자체가 이미 어느 한쪽이 불평등을 감수하고 있다는 것을 아주 당연하게 받아들인다는 증거이다. 70년대 초반에 교대에 가는 것이 여성으로서 사회적 특권을 누리는 것이었던 엄마 세대의 일이 내 세대에서도 똑같이 반복되고 있지 않은가.

성별이 두 가지라는 이데올로기

솔리

"선생님, 이 사람 남자예요, 여자예요?"

수업자료의 삽화를 가리키며 한 아이가 물었다. 매년 꼭 한두 번씩은 받는 질문이다. 수업과 관계없는 질문임을 환기하고 넘어갈까, 그림 속 인물이 남자인지 여자인지 구분하는 것은 그다지 중요하지 않다고 가볍게 받아 넘길까? 나는 교과서를 한 번 보고 진도를 가늠하고 시계를 한 번 보고 남은 시간을 따져보았다. 마침 여유가 있다 싶었다.

"글쎄? 다른 친구들은 어떻게 생각하는지 조사해 볼까요?"

스물두 명의 2학년 아이들 중 다섯 명 정도가 여자라고 생각한다는 데, 열 명 정도가 남자라고 생각한다는 데 손을 들었다. 나머지 아이들은 망설이는 눈치였다. 손을 든 아이들에게 왜 여자 또는 남자라고 생각했는지를 물었다.

삽화의 인물이 남자라고 생각한 아이들은 바지를 입고 있어서, 운동을 하고 있어서 등을 이유로 들었다. 반면 여자라고 생각한 아이들은 머리가 아주 길지는 않지만 남자라고 하기에는 긴 편이라고 했다. "표정이 왠지 여자 같다"는 의견도 있었다.

친구들의 발표를 듣고 아이들끼리 와글와글 반론을 펴기 시작했다. 여자도 바지를 많이 입고, 여자도 운동을 할 수 있으며, 남자라고 머리가 다 짧지 않다는 것이었다. 처음에 발표한 아이들도 그건 그렇다고 수긍하는 분위기였다. 나는 다시 물었다.

"여자든 남자든 머리가 길 수 있는데 왜 머리가 긴 것을 보고 여자라고 생각했을까요? 여자든 남자든 바지를 입을 수 있고 운동을 할 수 있는데 왜 바지 입고 운동하는 것을 보고 남자라고 생각했을까요?"

교실이 조용해졌다. 그것은 아이들에게 답을 물을 질문이 아니라, 내가 고민해야 할 질문이니 당연한 일이다. 왜 아이들은 여자든 남자든 머리가 길거나, 바지를 입거나, 운동을 할 수 있다는 것을 이미 알고 있는데도 불구하고 이러한 요소가 남자 또는 여자임을 증명한다고 생각했을까?

아이들이 그렇게 생각한 까닭은 여성은 머리가 길고, 남성은 바지를 입는 것이 규범적인 표현이라는 데 있다. 도덕 교과서 속에는 언제나 깍듯한 표준어를 사용하는 학생들만 있고, 간혹 거친 언어를 쓰는 학생이 등장하더라도 이는 예외적이고 문제 있는 경우임이 전제되어 있는 것과도 같은 원리이다. 때때로 '규범적이지 않은' 사례가 제시되더라도, 허용되는 것과 허용되지 않는 것의 경계는 명확하다. 도덕 교과서에서 다른 아이에게 거친 언어를 사용하는 아이의 예는 찾을 수 있어도, 교사에게 대드는 아이의 예는 찾을 수 없다. 마찬가지로 모든 종류의 매체에서 '씩씩하고 당당한' 여자아이는 종종 볼 수 있어도, '장난꾸러기에 말썽쟁이인' 여자아이는 매우 드물다.

2학년은 한창 사회화가 활발히 이루어지는 시기이다. 이 시기의 아이들은 가장 규범적인 것을 찾아 무조건적으로 모방하려고 한다. 규범을 비판적 시각에서 검토하는 것은 아직 어려운 일이다. 나는 다시 질문했다.

"그럼 질문을 바꿔볼까요? '이 사람 남자예요, 여자예요?'라고 묻는 대신, 다른 걸 물어본다면 어떨까요? 남자인지 여자인지 말고 무엇을 물어볼 수 있을까요?"

"'이 사람 몇 살이에요?'라고 물어볼 수 있을 것 같아요."

몇 번의 발표 만에 생각을 이어가기에 적절한 예시가 나왔다. 말이 떨어지기가 무섭게 아이들이 저마다 한마디씩 보탠다.

"야, 그걸 어떻게 알아?"

"우리 엄마가 어른한테 몇 살인지 물어보는 건 예의가 없는 거랬어요."

"맞아요, 여러분. '이 사람 몇 살이에요?', '이 사람 아이예요, 어른이에요?' 이런 질문은 잘 하지 않지요. 딱 보고 정확히 알 수도 없는 것이고, 어떤 사람은 열여덟 살부터 어른이라고 생각하지만 어떤 사람은 스물다섯 살부터 어른이라고 생각하는 등 어른인지 아이인지 생각이 다를 수도 있어요. 어떤 사람은 나이가 더 적어 보이고 싶을 수도 있고, 어떤 사람은 나이가 더 많아 보이고 싶을 수도 있어요. 어른뿐만 아니라 아이라도, 몇 살인지 대답하고 싶지 않을 수도 있어요. 남자인지 여자인지도 마찬가지예요."

　　몇 명은 그런가 하는 얼굴이고, 몇 명은 알쏭달쏭한 얼굴이었다. 아이들이 자신 있게 대답할 수 있는 내용으로 이야기를 마무리해야겠다는 생각이 들었다. 질문 만들기 수업을 하며 종종 했던 활동인 '질문에 질문으로 답하기'를 꺼내들었다.

　　"마지막으로 한 가지만 발표해볼까요? '이 사람 남자예요, 여자예요?'라는 질문에 질문으로 대답한다면 뭐라고 물어보면 좋을까요?"

　　"선생님, 저는 '왜 알고 싶은데요?'라고 질문할래요."

　　"저는 '남자인지 여자인지가 중요해요?'라고 묻고 싶어요."

　　"정말 좋은 의견이에요. 그럼 우리 그 질문에 대답해볼까요? 그림 속 인물이 남자인지 여자인지가 중요할까요?"

　　"아니요!", "선생님, 하나도 안 중요해요!"

아이들의 말대로이다. 길에서 나를 스쳐 지나가는 사람들의 성별은 나에게 아무런 영향을 미치지 않는다. 우리가 만나는 모든 사람의 성별을 알아야 할 이유는 없다. 그럼에도 우리는 으레 상대방의

성별을 판별하려 하고, 판별이 쉽지 않을 때는 의아해하거나
불편해한다.

　사람들에게 '인간을 두 종류로 나눈다면 무엇과 무엇으로
나눌까'라는 질문을 한다면 어떤 대답이 나올까? '남자와 여자'라고
답하는 사람이 가장 많을 것이다. 어른과 아이, 장애인과 비장애인,
머리카락 색이 검은 사람과 옅은 사람, 키 170센티미터 이상인 사람과
이하인 사람…. 임의적이거나 객관적인, 중요하지 않거나 중요한
수많은 기준이 존재하는데도 우리는 흔히 성별을 인간을 둘로
나누는 기준으로써 가장 먼저 떠올린다.

　그러나 우리가 이렇게 절대불변의 객관적 기준이라고 생각하는
성별은 사실 절대적이지도 않고 불변하지도 않는다. 성별의 의학적
판별 기준은 성염색체와 성기 모양 두 가지인데, 성염색체도, 성기
모양도 정확히 반으로 나뉘지는 않는다. XX 염색체를 가진 여성과
XY 염색체를 가진 남성뿐 아니라 XXY, X 등의 염색체를 가진
사람들이 있다. 난소와 자궁을 가진 여성과 고환과 음경을 가진
남성뿐 아니라 난소와 고환이 동시에 있거나 음경도 자궁도 없는
사람들도 있다. 이런 사람들의 성별을 간성(intersex)이라고 한다.

　유엔 인권 고등판무관실에 따르면 전 세계 인구 중
0.05퍼센트에서 최대 1.7퍼센트까지가 간성으로 추정된다. 한국인
중 RH- 혈액형을 가진 사람은 0.5퍼센트이다. 고등교육을 받은
사람은 대부분 RH- 혈액형이 존재한다는 사실을 알고 있다. 그에
비하면 간성의 존재는 거의 알려져 있지 않다. '애매한' 성기를 가지고

태어난 신생아의 많은 수가 부모와 의사의 결정에 따라 남성이나 여성 중 어느 한쪽의 규범적 성기 모양에 맞게 바꾸는 '성 지정 수술'을 받는다. 남성과 여성은 태어나는 것이 아니라 만들어진다. 사회적으로 기대되는 성역할을 가리키는 '젠더'뿐만 아니라, 생물학적 성을 가리키는 '섹스' 또한 그렇다. 남성 또는 여성의 이분법적 구분에서 벗어나는 간성의 존재를 삭제하고 은폐하려 애쓴다는 사실은, 오히려 성별 이분법이 얼마나 취약한 허구인지를 드러낸다. '성별은 두 가지다'라는 명제는 객관적 사실이 아니라 오히려 이데올로기에 가깝다.

페미니스트 교사로서 나의 신념은 한결같다. 흔히 '여성성'이라고 불리는 특징만을 모두 골라 가진 사람, 흔히 '남성성'이라고 불리는 특징만을 모두 골라 가진 사람은 없다. 현실의 아이들은 리더십이 있으면서 꼼꼼하기도 하고, 감수성이 풍부하면서 활발하기도 하다. 여성 또는 남성의 일반적인 특징을 따지는 것보다 개인의 특징으로 보는 것이 더 정확하다. 남자아이에게 '남자다움'의 자질을 요구하고 여자아이에게 '여자다움'의 자질을 요구하는 것보다 어린이들에게 긍정적인 인간의 자질을 고루 장려하는 것이 언제나 더 낫다.

그러기 위해서는 우리 모두가 성별이 오로지 둘로 나뉘고 그 구분은 절대적이라는 관념에서 벗어나야 한다. 왜 하필 우리는 여성과 남성의 경계와 차이를 그토록 강조해왔는지 질문을 던져야 한다. 공고한 젠더 체계를 의심하고, 그 경계를 넘나들어야 한다. 성별 이분법이 우리 아이들의 행복과 고른 성장을 저해할 수 없도록.

아빠의 퇴근을 마중하는 엄마라니

솜

할머니와 손녀가 문구점에 들렀다.

"받아쓰기 공책 주세요."

문구점 주인이 물었다.

"남자애가 쓸 건가요, 여자애가 쓸 건가요?"

남자아이면 파란색, 여자아이면 분홍색 공책을 주려는 주인의 '배려' 어린 질문이었다.

대답 없는 할머니에게 주인은 로봇이 잔뜩 그려진 파란색 공책을 내밀었다.

공책을 받아든 손녀가 말했다.

"할머니, 이거 쓰면 안 돼."

얼마 전 교직원을 대상으로 있었던 성교육 연수에서 들은 일화였다. 수없이 봐왔고 겪었던 장면이었다. 도대체 파랑과 분홍의 구별은 언제부터 시작된 걸까? 파란색과 분홍색이 남성성과 여성성의 상징이 된 지는 사실 얼마 되지 않았다. 특히 어린아이들 세계에서는 오늘날에도 젠더 중립적인 색으로 인식되는 흰색이 대세였다. 그런데 1918년, 어린이 패션 잡지 『언쇼스 인펀츠 디파트먼트』(Earnshaw's infants' department)에 다음과 같은 '제안'이 실렸다. "확실하고 더 힘찬 색깔로 여겨지는 분홍은 남자아이에게, 연약하고 앙증맞은 색인 파랑은 여자아이에게 더 잘 어울린다." 굳이 거슬러 올라가 살펴보면, 중세부터 그러했다. 예수는 빨간색 천을, 성모 마리아는 파란색 천을 두른 수많은 그림을 떠올려보자. 한편, 1927년 『타임』에는 미국 주요 도시 소재의 유명 아동복점에서 여아와 남아에게 어울리는 색을 어떻게 추천하는지 보여주는 간단한 조사표가 실렸는데, 열 곳 중 다섯 곳이 분홍은 남자아이, 파랑은 여자아이에게 매칭했고, 나머지 네 곳은 반대였다. 마지막 한 곳은 분홍을 성별 구분 없이 아이들에게 어울리는 색으로 내세웠다. 물론 특정 성에 특정 색을 연결 지으려는 시도 자체가 이미 성별 이분법을 품고 있으나, 적어도 20세기 초까지는 이 시도가 지금보다는 우연적인 영역에 있었던 것 같다. 하지만 1980년대에 이르러 아동 산업이 커지고 마케팅 기법이 다각화하는 과정에서 의류, 장난감 등을 성별에 따라 나누기 시작했고, 이때 남자아이는 파랑, 여자아이는 분홍 등식이 차차 자리를 잡았다는 것이 통설이다. 이유는 없다. 관련 연구자들은 아이가 태어나기 전에 성별을 알 수 있는 기술이 등장하면서 이 공식이 더 강력하게 작동하게 되었으리라고 진단한다.

다시 요즘으로 돌아오자. 교실에서도 여자아이는 분홍색, 남자아이는 파란색이라는 공식이 작동한다. 학기 초 신발장 번호표를 붙일 때, 운동회 선물로 공책을 나눠줄 때 모두 예외는 없다. '여아용' 분홍 공책에는 케이크, 리본, 왕관, 인형, 옷 그림이, '남아용' 파랑 공책에는 로봇, 자동차, 비행기 그림이 그려져 있다. 아이들을 성별로 구분하려는 경향은 색깔에서 그치지 않는다. 마치 아이들의 성격이 성별에 맞춰 이미 결정된 양 단정 짓는 경우는 허다하다.

어느 날, 보호자와 상담을 하면서 들었던 이야기다.

"선생님, 우리 아이가 남자아이라서 힘드시죠? 작년 담임선생님은 남자아이는 보통 그렇다고 걱정 말라고 하셨는데 좀 어떤가요?"

사실 이 아이는 학급에서 가장 힘든 어린이였다. 친구들에게 짓궂은 장난을 쳤고, 수업 시간에도 본인이 하고 싶은 대로 행동해 점점 나를 지치게 했다. 이런 상황을 설명하고 상의하기 위해 상담을 요청한 것인데, '남자아이'라서 그렇다고 하니 말문이 막혔다. 나는 '남자아이'라는 것과 상관없이 아이의 생활 습관이나 학습 태도에서 고쳐야 하는 부분이 있다고 여러 번 이야기했다. 하지만 결국 돌아오는 답은 "선생님이 결혼을 안 하셔서 모르시는 거예요"(아이가 없어서도 아니고 결혼을 안 해서라니 의아했다), "선생님이 여자시니까 남자애를 이해 못 하시는 거예요"였다. 마지막에는 나도 "네, 맞아요. 남자애들이 그렇죠"라고 맞장구를 치고 말았다. 나 역시 이미 모두에게 익숙한 고정관념을 그 순간을 넘어가기 위해 이용해버린 것이다.

성 고정관념은 정말이지 편리한 도구다. 모든 선택지를 두 가지로 줄여준다. 운동회 상품으로 아이들이 좋아하는 여러 색을 모두 준비하지 않아도 되고, 20여 명 아이들의 성격 또한 성별에 맞춰 지레짐작해 대충 파악할 수 있게 해주지 않나.

동료 선생님들과 이야기를 하다 보면 가끔 놀란다. 성 고정관념을 조금이라도 벗어난 아이들에 대해서 얼마나 나쁘게 평가하는지 듣고 있기 거북할 때가 있다. 목소리가 크거나 자기주장이 강한 여자아이를 "기가 너무 세다", "너무 나선다"고 말하고, 꼼꼼하지 않으면 "여자앤데 너무 이상해"라며 모든 면에서 기대 이하라는 듯 평한다. 섬세한 성격의 남자아이에 대해서는 "너무 예민해"라고 볼멘소리를 하고, 쉬는 시간에 책 읽기 좋아하는 남자 어린이를 두고는 다른 애들과 어울리지 않아서 걱정이라고 말한다. 아이들의 개별적인 특성을 파악하기보다는 성 고정관념에 입각한 차별적 시선으로 아이들을 재단하고 나무라는 것이다.

교사들의 시선만 문제인 것이 아니다. 내가 지금 다니는 학교에서

채택한 영어 교과서에서 여자 캐릭터는 주로 분홍색 리본과 치마를 입고 책을 읽거나 장난치는 친구의 모습을 보며 웃는 얼굴로 등장한다. 장난을 치거나 엉뚱한 행동을 하는 건 거의 남자 캐릭터다. 심지어 분홍색 앞치마를 두르고 요리를 하던 엄마가 퇴근하는 아빠를 마중하는 장면도 나온다. 말로 표현되지 않는 시선도, 중요하게 부연되지 않는 삽화도 아이들의 생각, 말과 행동에 큰 영향을 끼칠 것을 알기에 더욱 우려스럽다.

지난여름, 한 남자아이가 반소매 옷을 입고 있는 여자아이에게 "너는 여자애가 왜 그렇게 털이 많아?"라고 묻는 걸 보았다. 여자아이는 곧장 자신의 팔을 감추며 움츠러들었다. 체모가 여성에게 '문제시'된다는 사실을 열한 살 아이들이 정확하게 알고 있었던 것이다. 세대를 걸쳐 뿌리박힌 성 고정관념에 몸이 싸늘하게 식어버렸다. 사회가 규정한 여성성, 남성성에서 살짝 벗어나는 순간 아이들은 친구에게, 때때로 부모나 교사에게 지울 수 없는 상처를 받는다. 그러다 스스로를 부정적으로 받아들이게 되지는 않을까 걱정이 되는 것이 사실이다.

이런 일도 있었다. 수업 시간에 이해를 돕기 위한 자료로 짧은 뉴스를 보여주었다. 뉴스 동영상을 틀자마자 한 아이가 외쳤다. "아줌마다!" 그러자 다른 아이들이 "아줌마, 아줌마" 하며 키득거리기 시작했다. 손석희 앵커가 진행하는 뉴스를 보여줬을 때 아이들은 "아저씨"라고 돌발적으로 외치지 않았고 비웃는 것처럼 키득대지도 않았다. 왜 아줌마라고 외쳤는지 아이에게 물었다.

"아줌마 맞잖아요"라는 대답과 동시에 아이들은 다시 장난스럽게 웃었다. 머리와 마음이 동시에 아팠다. 연배가 있어 보이는 여성은 뉴스 앵커나 아나운서여도 그저 "아줌마"로 불리는 상황을 견디기 힘들었다.

왜 여성은 자신이 가진 직업적 전문성이나 개별적 특성보다는 여성이라는 정체성을 가장 먼저 확인받아야 하는가. 가끔은 내가 너무 불편하게 여기는 것일까 생각해보지만 반대로 생각해보면 사회가 이런 현상을 너무 당연하게 여기는 것이다. 이런 사회 속에서 과연 아이들은 자신만의 색깔을 가지고 성장할 수 있을까?

2016년 SBS에서는 성역할에 대한 고정관념이 확립되지 않은 7세 아동을 대상으로 성 고정관념이 아이의 사회성이나 창의성에 어떤 영향을 주는지 살펴보는 프로젝트 과정을 담은 다큐멘터리 「어떻게 영재가 되는가: 섬세한 아빠 터프한 엄마」를 방영했다.

이 다큐에서 인상적인 부분은 성평등 커리큘럼을 실시하기 전에 소위 남성성 또는 여성성이 강한 어린이들이 자기를 소개하는 표현이었다. 성역할 고정관념 지수 파악 실험에서 남성성이 강하다고 나온 어린이는 모두 남자였고 자신을 '멋진 상남자', '씩씩한 개구쟁이'로 소개했다. 여성성이 강하다고 나온 어린이는 모두 여자였고 '예쁜 애교쟁이', '아름다운 부끄럼쟁이'로 자기를 소개했다. 이들 어린이의 공통점은 아이들에게 '남자답기'를 또는 '여자답기'를 가르치는 부모가 있다는 점이었다. 반면 양성성이 높은 아이들은 자신을 '꽃을 사랑하는 용감한 남자', '재밌는 친구가 되고 싶은 어린이'라고 소개했다. 이들 가정의 부모는 가사노동을 분담하고 아이들에게 성 고정관념을 강요하지 않는 모습을 보였다.

아이들은 3개월간 '양성평등 유치원' 프로그램에 참여했다. 부모는 가사노동을 나눠 하거나 성 고정관념에 따른 언행을 의식적으로 덜 하려고 애썼다. 또한 아이들의 선택을 존중하고, 아이들이 스스로를 알아가는 시간을 충분히 가질 수 있도록 기다렸다. 짧은 시간이었지만 그 결과는 놀라웠다. 아이들의 성역할 고정관념이 눈에 띄게 낮아졌고, 창의력은 월등히 높아졌다. 양성성이 높아진 아이들은 친구 관계에서 훨씬 유연하게 대처하고, 소극적이고 방어적인 태도에서 벗어나 적극적이고 주도적인 모습을 보여줬다.

물론 '양성성'이라는 표현조차 남성성과 여성성의 구분을 전제한다는 점에서 문제를 제기할 수 있다. '양성성 지수'라고 표현된 어떤 태도나 성향은 충분히 다른 언어로 대체될 수 있으며, 애당초 성별과 관련이 없다. 하지만 이 방송의 메시지는 확실하다. 성평등 교육이 가정과 학교에서 자리 잡을 때, 아이들은 성별에 상관없이 자기만의 성격과 가치관을 발견하고 정립할 수 있다는 것, 성별로 상징되는 선택지 말고도 수많은 선택지가 있다는 사실을 알게 된다는 것, 그것이다.

성역할에 따른 고정관념은 너무 단순해서 아이들의 복잡하고 섬세한 세상과는 전혀 어울리지 않는다. 아이들이 단순해 보이는 건 자신의 생각과 마음을 표현할 언어를 아직 전부 갖추지 못해서일 뿐이다. 아이들은 더 다양하게 생각하고 선택하고 말할 자유가 있다. 자신이 어떤 색깔을 좋아하는지, 어떤 활동을 싫어하는지, 스트레스는 어떤 방법으로 푸는 게 좋은지, 자신을 어떻게 표현하고 싶은지 훨씬 더 자유롭게 말할 수 있어야 한다. 로봇이 그려진 파란 공책이든, 꽃과 드레스가 그려진 분홍 공책이든 자신이 좋아하는 것을 선택했을 때 웃음거리가 되지 않는 세상을 가질 자격이 있다. 페미니즘 교육이 그 시작점을 만들어줄 수 있다고 나는 믿는다.

성별이라는 아주 작은 서랍

오수연

"저희 애가 남자 친구들보다 여자 친구들과 어울리는 걸 좋아해서 걱정이에요. 남자아이인데도 활동적이지 않고 거칠지 못해서요. 저희 애가 혹시 남자아이들 사이에서 치이지는 않나요?"

"딸아이가 운동을 좋아하고 잘하기도 해서 뛰어노는 걸 보면 흐뭇하다가도 또래 여자아이들 사이에서 소외되는 건 아닌가 걱정이 되네요."

"저희 아들은 에너지가 넘치고 동작이 커서 어릴 때부터 주의를 많이 줬는데, 교실에서는 어떤가요? 딸 키우는 집은 이런 걱정이 덜하겠죠?"

"저희 애는 오빠보다 성격이 드세서 집에서 늘 진통이에요. 딸이라 얌전할 줄 알았는데 그것도 아니더라고요. 학교에서는 잘

지내나요?"

상담을 하다 보면 남자아이와 더 잘 노는 딸, 여자아이와 더 친한
아들에 대한 보호자들의 걱정을 심심찮게 듣는다. 아이가 활동적일
때, 아들이면 으레 그런 것이 되지만 딸이면 고민거리가 된다.
반대로 아이가 정적일 때, 딸이면 당연한 것이 되지만 아들이면
걱정거리가 된다. 자식이 아들이라 둔감해 답답해하거나 딸이라
예민해서 기분 맞추기가 어렵다며 하소연하는 보호자도 많다.
자식 걱정은 끝이 없다지만 '그 아이'여서가 아니라 딸이기 때문에,
아들이기 때문에 하는 걱정을 듣다 보면, 우리는 인간으로 나서
'여자'와 '남자'로 길러진다는 생각이 든다.
    교실 안 아이들은 각기 다른 존재다. 같은 부모 밑에서 나고
자란 형제자매도 다 다르게 성장하는데 하물며 교실에서야. 한발
떨어져 스무 명 남짓한 아이들을 보고 있으면 한 명 한 명을 설명하고
표현할 언어가 부족하다고 생각될 정도다. 한 아이 안에서 때로는
상반된 모습이 보이고, '이 아이가 이랬던가' 싶은 순간도 종종 있다.
거친 듯 보였던 아이에게서 부드러움이 보이고, 용감하다 느꼈던
아이에게서 쑥스러움을 발견한다.
    자, 그럼 여기서 문제! 아래 보기에서 묘사하는 아이들의 성별은
무엇일까? 보기의 주인공들은 내가 담임했던 아이들이다.

A. 안경이나 물통 등을 자주 잃어버리는 다소 덤벙거리는 학생.
   자기 이야기를 잘 하지 않는다. 시화 등 그림을 그릴 때 빈 곳
   없이 꼼꼼하게 색을 채우고, 글자는 자음과 모음 색을 달리해
   알록달록한 작품을 완성한다.

B. 달리기가 빠르고 신체 움직임을 좋아하는 학생. 철봉에 매달리기,
   구름사다리 건너기에 꾸준히 도전한다. 자신의 마음을 솔직하게
   담는 글쓰기를 잘하고, 상대의 관점에서 공감하는 자세를
   지녔다. 자신의 사랑과 행복한 마음을 그대로 전달하는 화법에
   능하다.

C. 뱀을 비롯한 파충류를 사랑하는 학생. 로봇공학에 관심이
   많고 체스를 즐기며, 이야기의 원인과 결과를 파악하는 능력이
   뛰어나다. 상상의 이야기를 쓰고 이를 책으로 엮는 것을 즐기는데
   등장인물의 설정은 굉장히 즉흥적이다.

D. 수학은 끔찍하게 싫어하지만, 예체능 과목에서는 뛰어난 재능을
   보이는 학생. 대상을 관찰하여 자세히 그리고, 입체 작품
   만들기를 즐긴다. 모든 운동경기에서 두각을 드러내며, 박자
   감각이 뛰어나 펜 비트가 취미이다. 장래희망은 요리사.

E. 친구들 사이에서 리더 역할을 맡는 학생. 자신의 관심 분야와

관련된 동아리를 적극적으로 조직하고 학생 행사에 자원하여 사회를 본다. 쉬는 시간에는 즉흥적으로 생각난 놀이를 친구들과 즐기면서도 동아리처럼 자신이 계획한 활동은 여러 사람의 의견을 수렴해 체계적으로 해나간다.

보기를 읽으며 열심히 추리한 분들께는 죄송하지만, 사실 이런 질문 자체가 불필요한 것 아닐까? 언뜻 비슷해 보이는 아이들도 제각기 달라서 가르치다 보면 성별에 대한 생각 자체가 부질없게 느껴진다. 아이들은 한마디로 규정할 수 없는 모습과 특성을 보여주며 자신을 드러낸다. 따라서 섣부른 낙인과 일반화는 금물이다.

　　예를 들어 B와 D는 둘 다 체육을 좋아하고 잘한다는 공통점이 있지만, 자기표현 수단으로 B는 말과 글을 선호하고 D는 그림과 음악을 선호한다. 어떤 활동에 대한 감상을 발표할 때, B는 글로, D는 만화로 설명하게 하면 각각 훨씬 자세하고 생생한 표현을 한다. C와 E는 때에 따라 즉흥성과 계획성을 고루 발휘하지만 재능 있는 분야가 다르다. 그러니 C에게는 등장인물 특징 정리하기, E에게는 친구들이 좋아하는 놀이 조사하기처럼 각자 더 잘할 수 있는 과제를 주고 계획성을 좀 더 강화하는 연습을 해볼 수 있을 것이다. 여기에 성별이 유의미한 영향을 끼친다고 보기는 어렵다. 오히려 성별이라는 층위를 걷어냈을 때 아이를 더 잘 이해하고 도울 수 있다. (그래도 답이 궁금한 분들을 위하여, A. 남자, B. 여자, C. 여자, D. 남자, E. 여자다.)

교육 현장에서 학생들을 이해하는 데에는 여러 성격 유형 검사가 사용된다. 하지만 이런 검사는 그 한계에 대해 비판받고 있다. 대표적으로 활용되는 MBTI 검사는 피검자에게 네 가지 범주에서 이항 선택을 하도록 한다. 사람의 특성이 스펙트럼에서 어느 한쪽 아니면 완전히 반대쪽에 몰려 있을 것이라 보는 것이다. 위에서 살펴본 교실 속 아이들의 사례만 봐도 사람은 어느 한쪽 특성만 가지고 있지 않다. 상반되는 특성을 둘 다 동시에 가지고 있기도 하고, 그날그날의 상황에 따라 양쪽 특성이 약하거나 강하게 나타나기도 한다. 이 때문에 같은 MBTI 검사라도 검사 시기에 따라 결과가 달라지기도 한다. 여러 성격 유형 검사는 이러한 차별성을 놓치고 있다. 서로 다른 개개인을 몇 가지로 분류하고 유형화하는 것은 사람을 편협하고 평면적으로 이해하는 것이다. 나름의 근거를 가지고 제법 과학적으로 사람을 유형화하는 검사들도 비판을 받는 마당에 여성성과 남성성이라는 고작 두 개의 렌즈로 사람을 판단하는 것은 얼마나 좁은 시각인가.

1999년 미국 존스홉킨스 의대 가드프리 펄슨 박사팀은 전문학술지 『대뇌피질』에 발표한 논문을 통해 대뇌피질 가운데 과학적 사고를 맡는 IPL이라는 부분에서 남녀 간의 차이점을 발견했다고 밝혔다. MRI로 남녀 열한 명의 뇌를 촬영해 IPL의 부피와 좌우 IPL의 구조를 조사했더니 남자의 IPL이 여자보다 6퍼센트 더 큰 것으로 나타났으며, 구조적으로 남자는 왼쪽 IPL이, 여자는 오른쪽 IPL이 더 컸다는 것이다. 이를 바탕으로 남성은 과학적 사고와 관련 깊은 좌뇌가 발달했고, 여성은 감성적 사고나 언어 능력과 관계가 깊은 우뇌가 발달했다고 주장했다.

실험심리학자 사이먼 배런코언은 『그 남자의 뇌 그 여자의 뇌』에서 태아기 테스토스테론 수치에 따라 여성의 뇌는 공감하기에, 남성의 뇌는 체계화하기에 어울리게 발달했다고 주장했다. 배런코언은 이러한 구분이 절대적인 것은 아니라고 강조했지만, 그의 연구는 여러 언론과 다큐멘터리에서 편집되어 사용되었고, 이를 바탕으로 여아와 남아를 다르게 키워야 한다는 각종 성별 육아서들도 쏟아져 나왔다. 새로운 성차별주의의 과학적 근거가 된 것이다.

그러나 2002년 OECD의 공식 발표를 비롯하여 여러 연구에서 좌뇌형, 우뇌형 등 특정 반구형으로 사람의 성향을 판단하는 것은 틀렸다는 사실이 밝혀지고 있다. 대부분의 사람은 어떠한 과제를 처리할 때 양쪽 반구를 모두 사용한다는 것이다. 또한 태아기 테스토스테론 수치가 높은 사람이 체계화 능력이나 공감각 능력이 뛰어나고 공감 능력은 떨어진다는 설득력 있는 연관성은 아직까지 발견되지 않았다.

2015년 『미국국립과학원회보』에 실린 연구에 따르면 남녀의 뇌 구조에는 사실 차이가 없다. 1400명 이상(펄슨 박사팀의 피험자 수와 비교해보자) 성인의 뇌를 MRI로 촬영한 결과, 어느 한쪽 성별에 치우친 특성을 보이는 뇌는 참가자의 6퍼센트뿐이었다. 뇌의

각 조직의 두께와 부피는 남녀의 차이가 거의 없었다. 이외에도 최근의 많은 뇌 과학 연구는 인간의 뇌는 구조와 기능에 큰 차이가 없으며 주변 환경에 따라 변화한다고 결론 내린다. 즉, 뇌에는 성차가 없으며 성차별주의가 만연한 환경에 의해 영향을 받는다는 것이다. 과학적으로도 우리는 인간으로 나서 '남자'와 '여자'로 길러지고 있는 셈이다.

지식은 경험을 통해 발전한다. 삶에 필요한 지식을 쌓기 위해서는 감각기관을 통해 다양한 정보를 받아들이고, 여러 가지 감정을 느끼며, 자유로운 생각을 할 수 있는 경험이 필요하다. 그리고 경험을 통해 얻은 감각과 감정, 생각의 변화를 열린 마음으로 수용하는 과정에서 지식을 다져나갈 수 있다. 이때 '이 아이는 여자 또는 남자니까 이렇게 느끼고 생각할 거야'라는 선입견이 개입하면 아이의 지식은 반으로 토막 난다.

미술적 재능을 타고난 쌍둥이 남매가 있다고 가정하자. 아이들의 재능은 아직 묻혀 있는 상태다. 주변에서는 두 아이가 어떻게 성장할지 별로 섬세하게 판단하지 않는다. 그저 여자아이에겐 '여자 색'인 분홍, 노랑, 연보라 계통의 부드럽고 폭신한 물건을 선물하고, 남자아이에겐 '남자 색'인 파랑, 빨강, 검정, 초록 계통의 단단하고 기계적인 물건을 건넨다.

이 쌍둥이는 어떤 조형 요소들을 이용해 자신의 재능을 키워나갈까? 자라면서 선택할 수 있는 요소들이 늘어나기는 하겠지만, 일부 요소는 거의 경험하지 못한 상태에서 유연하고 다양한 조합을 기대하기는 어렵지 않을까. 쌍둥이 남매는 성별 때문에 각자가 사용할 수 있는 표현 도구의 일부를 잃었을 수 있다. 결과적으로 만들 수 있는 작품(지식)의 범위는 좁아지고 몇몇 가능성은 애초에 차단된다. 이처럼 여자라서, 남자라서 무엇을 해야 하고 하지 말아야 한다는 구속은 아이들이 한 인간으로서 경험할 다양한 세계를 닫아버리고, 그 경험을 통한 지식의 발전을 저해한다.

　　개개인이 더 잘 다룰 수 있는 지식이 따로 있는데 성별을 기준으로 활동을 제한하는 것은 사회적 낭비이기도 하다. 앞서 예를 들었던 다섯 학생의 행동 특성을 자기소개서라고 생각하고 서류 심사를 해보자. 업종에 따라 적합한 인재들이 보일 것이다. 팀 프로젝트와 대외 발표가 잦은 업무라면 대인관계 능력이 좋고 외향적인 E가 적합할 것이다. 신체 움직임을 가르치는 직종이라면 운동능력이 뛰어나면서도 상대를 배려하는 화법을 구사할 줄 아는 B에게 자연히 관심이 갈 터이다. 공상과학 소설 공모전에서는 단연 C가 눈에 띌 테고, 그 책의 표지 작업은 A가 꼼꼼하게 할 수 있을 것 같다. 대외 발표는 남자가 해야 한다며 신변잡기적인 수다에도 잘 끼지 않는 A에게 발표를 맡기고, 꼼꼼한 작업은 여자가 잘한다며 안타깝게도 미적 감각이 다소 부족하고 덜렁대는 편인 E에게 표지 작업을 준다면 결과는 물론이거니와 과정에서부터 불행할 것이다. 인간은 성별이 아닌 개별 특성과 자율성을 바탕으로 좋아하는 것을, 잘하는 것을 해야 한다.

기준을 정해 인간 유형을 가르고 나누려면 못 할 것은 없다. 인간은 성별을 포함해 국적, 피부색, 나이, 직업 등 무수한 기준에 따라 구분될 수 있다. 외향적이냐 내향적이냐, 친화적이냐 반사회적이냐 등처럼 대인 관계 성향 또한 기준이 되곤 한다. 때에 따라 이러한 분류는 유용하다. 그러나 이름표 붙은 서랍에 누군가를 넣고 서랍을 잠가버릴 때, 그래서 그 이름 안에서만 살도록 할 때, 거기에 더해 이름표에 차등을 둘 때, 이러한 분류는 폭력이 된다. 개개인은 사람의 특성과 자질을 서로 다른 정도로 가지고 있다. 이런 특성이나 자질은 이쪽 아니면 저쪽으로 칼같이 나눌 수 있는 것이 아닌 데다 언제든지 변화할 수 있다. 무엇보다 여성성, 남성성으로 나뉠 수 있는 특성 같은 것은 없다. 무한한 잠재력을 지닌, 그렇기에 무엇이든 될 수 있는 아이들을, 우리는 여자 또는 남자가 아닌 한 인간으로 대해야 하지 않을까? 사실 나 또한 여자 아니면 남자로 구분하는 제도 속에서 타협하고 싸우고 모른 척하며 살아왔기에 성별에 얽힌 편견을 완전히 벗기는 힘들다. 하지만 그렇기에 더욱 더 우리 아이들을 여자, 남자 또는 다른 기준에 따른 무엇도 아닌 그저 '그 아이'로 바라보겠노라고 다짐해본다.

2장
교실을 낯설게 보기

진짜 기울어진 것은 운동장이 아니다

버지니아

아이들에게 가장 좋아하는 과목이 무엇이냐 물으면 거의
만장일치로 "체육"이라고 대답한다. 체육을 좋아하는 이유를 물으면
십중팔구 "공부 안 하고 놀잖아요!"라는 답이 돌아온다. 하지만
어릴 적의 나는 체육 시간이 그리 즐겁지 않았다. 내가 초등학교를
다니던 시절의 체육 교육은 놀이 중심이 아닌 기능 위주의
활동으로 이루어졌던 터라 일단 재미가 없었다. 게다가 나는 종목에
관계없이 체육에 소질이 없었다. 남들은 한번쯤 다 성공하는 3단
뜀틀마저 넘어본 기억이 없을 정도다.

　발령을 받은 첫해, 체육 전담 교사가 없는 학년을 맡은 나는
체육을 직접 가르쳐야 한다는 부담에 짓눌렸다. 초등 교사는
무슨 과목이든 가르칠 수 있어야 한다. 교사 개인이 선호하지 않는

과목이어도 아이들과 즐겁게 해낼 수 있어야 한다. 하지만 내게
체육은 호불호의 문제가 아니라 잘 가르치지 못하면 어쩌나 하는
자신감의 문제였다. 그런데 아이들은 체육을 너무나도 좋아하니
그야말로 진퇴양난에 빠진 기분이었다. 그때 다행히 참 좋은
선배를 만났다. 선배는 내게 아이들이 즐거워할 만한 아이템들을
아낌없이 알려주었고, 본인의 수업에 자유롭게 참관할 수 있도록
배려해주었다. 덕분에 체육 수업에 자신감이 생겼고, 자연스레 체육
시간이 즐거워졌다. 다행히도.

즐거운 체육 시간에도 고민은 있다. 이동할 때 줄을 세우는 것부터
문제다. 아이들이 어리다 보니 일거수일투족에 신경을 곤두세울
수밖에 없는데, 교실에서 벗어날 때는 더욱 그렇다. 매일 급식
시간마다 식사 자리를 처음 일러주듯 알려주고 앉혀주어야 하는
마당에 얼른 체육을 하고 싶어 안달이 난 아이들을 안전하게
이동시키려면 줄을 세우는 것은 피할 수 없다. 줄을 세우는 가장
'간편한' 방법은 여자아이, 남자아이를 짝짓는 것이다. 별다른 고민
없이 대부분 그렇게 한다.
　　줄 세우는 것뿐만이 아니다. 정말 많은 순간 학교에서는
아이들을 여자 아니면 남자로 나눈다. 학교는 성별 이분법이
끊임없이 작동하는 공간이다. 가장 단적인 예가 출석 번호다. 대체로
남학생이 1번을 차지하고 이후 죽 남학생을, 41번이나 51번부터는
여학생을 줄 세운다. 남학생이 앞 번호, 여학생이 뒤 번호인 이유를

누가 답해줄 수 있을까. 그저 성별로 나누는 것이 익숙하고 편리하기 때문이겠지만 매번 남자아이가 앞에, 여자아이가 뒤에 오는 상황을 마주하면서 아이들은 은연중에 남성과 여성이라는 틀 안에서 획일화되고, 남자는 앞쪽에 여자는 뒤쪽에 불리는 것을 당연하게 여기게 된다.

그래서 고민했다. 어떻게 하면 성별 이분법에서 아이들을 좀 더 자유롭게 해줄 수 있을까. 학교에서 정한 출석 번호를 바꾸는 것은 어려울지 몰라도, 줄 서는 방식만큼은 바꿀 수 있으니까. 고민 끝에 제비뽑기를 하기로 했다. 물론 번거롭다. 제비는 한두 개씩 꼭 사라지고, 한 달에 한 번은 줄 서는 순서를 바꿔주어야 아이들의 원성을 사지 않는다. 줄 서는 방식이 바뀌는 첫날에는 줄 서는 연습도 해봐야 한다. 번호 순도 아니고 여남 짝짓기도 아닌 새로운 규칙이기 때문이다. 그럼에도 불구하고 나는 아이들을 더 이상 여자 또는 남자로 분리하지 않아도 되니 몹시 행복하다. 이 순간만큼은 아이들도 스스로를 '여성' 또는 '남성'으로 정체화하지 않아도 된다. 이렇게 아이들이 성별에 따른 분리를 경험하지 않는다면 '내가 여자라서' 또는 '내가 남자라서' 따위의 생각도 분명 희미해질 것이다. 실제로 이런 식의 생활지도를 실천하다 보면 아이들 입에서 '여자가', '남자가'라는 말이 조금씩 떨어지기 시작하는 것을 볼 수 있다. 그저 제비뽑기를 통해 줄을 설 뿐인데, 간단하지 않은가.

다음 고민은 '준비운동은 누가 시범을 보이는 것이 좋을까'였다. 첫 시간에만 내가 시범을 보이고 그다음부터는 학생들이 스스로

준비운동을 할 수 있도록 연습을 시킨다. 이럴 때 체육부장이
있으면 좀 더 원활하게 수업을 준비할 수 있는데, 체육부장은 모두가
선망하는 자리이기 때문에 인기가 엄청나다. 여자아이, 남자아이
가리지 않고 체육부장을 하고 싶어 하며, 학급 회장보다도 지원자가
많다. 하지만 체육부장은 언제나 운동 신경이 뛰어난 남자아이가
하는 것이었고, 운동을 잘하는 여자아이는 고려 대상조차 아니었다.

체육부장의 임무는 크게 두 가지다. 체육 시간에 준비운동을
주도하는 것과 교사를 도와 활동에 필요한 도구를 준비하는 것.
그렇다면 꼭 운동 신경이 뛰어나야 할 필요도, 꼭 남자아이여야 할
필요도 없지 않을까. 체육부장뿐 아니다. 체육 시간에 팀을 나누면
주장은 여지없이 남학생에게 돌아갔다. 매번 팀 경기가 있을 때마다
그랬다.

페미니즘을 만나기 전에는 잘 보이지 않는 문제였다. 체육
시간에 남학생만 체육부장 또는 주장을 맡는 것을 경험하게
되면 아이들은 그것 외에는 별로 생각하지 못한다. 여학생은
체육부장이라는 선택지를 아예 갖지 못하게 되고, 그러다 보니 체육
시간에 주장을 맡게 된 여학생은 어딘지 모르게 어색해하고 나대는
아이처럼 보이지 않을까 걱정하는 듯하다. 단지 체육부장이 하고
싶을 뿐인 여학생들이 왜 이런 불편한 마음을 가져야 할까.

체육부장이라는 자리가 사소해 보일지 몰라도 아이들
세계에서 중요하다면, 나는 여기서부터 내 고민을 풀어야겠다고
마음먹었다. 남자아이에게 어울리는 자리가 따로 있고 여자아이가

할 만한 역할이 따로 있는 것이 아니라고 알려주고 싶었다. 그래서 이번 학기에는 체육을 아주 좋아하고 책임감 강한 여학생 둘에게 체육부장과 티볼(teeball) 주장을 부탁했다. 물론 하고 싶다고 손을 든 친구들 중에서 뽑았다. 본인이 손을 들었으면서도 막상 주어진 자리가 어색한지 수줍어했던 두 여학생은 훌륭하게 자신의 역할을 해내고 있다.

짧은 점심시간에 후루룩 밥을 먹고 나면 속이 더부룩해진다. 그래서 간단한 운동 겸 아이들과 산책을 하곤 하는데, 그마저도 귀찮아 운동장을 멍하니 바라보던 어느 날이었다. 아이들은 점심시간이 끝나도 수업에 들어오지 않을 것처럼 운동장을 가로지르며 신나게 뛰놀고 있었다. 무심결에 반 아이들을 눈으로 좇다가 '여자아이들은 뭐 하지?' 하는 생각이 들었다. 운동장에 남자아이들만 있는 것은 아니었다. 하지만 거의 다 남자아이들이었다. '공부 안 하고 노는 시간'이어서 체육이 좋다던 여자아이들은 다 어디로 갔을까? 아이들의 넘쳐흐르는 에너지는 성별과 상관없고, 게임에 필요한 기술을 빨리 익혀서 이기고 싶어 하는 마음도 마찬가지다. 나는 그런 아이들에게 매번 감탄하고 또 자극받는다. 점심시간에도 감탄하고 싶은데! 왜 점심시간에 운동장에 나와 뛰놀지 않는지 여자아이들에게 물어보았다.

"뭘 해야 할지 모르겠어요."

"솔직히 나가고 싶을 때도 있는데, 나가도 같이 놀 친구가 없어요."

"여자애가 점심시간에 운동장에 나가서 놀면 드세고 남자 같다고 어른들이 뭐라고 하셔요."

마음이 복잡해졌지만 이 상황을 그저 두고 볼 수만은 없었다. 여학생들이 점심시간에 운동장에 나가 운동하는 모습이 '자연스러워' 보였으면 했다. 그래서 아이들에게 선언했다.

"오늘부터 우리 반은 점심시간에 모두 나가서 캐치볼을 하겠습니다."

갑작스러운 나의 제안에 어리둥절해 하는 아이도 보였지만 이내 다들 만세합창을 하며 좋아했다. 체육 시간의 주된 과제인 티볼을 잘하기 위해서는 기본적으로 캐치볼을 잘해야 하는데 연습시간이 턱없이 부족했기에 아이들은 나의 제안이 반가웠던 것 같다. 이날부터 우리 반은 운동장 한 편에 자리를 잡고 캐치볼을 하기 시작했다. 그렇게 하기를 일주일. 이제는 내가 데리고 나가지 않아도 자발적으로 점심시간에 운동하는 여학생들이 생겼다. 그것도 꽤 많이. 점심시간에 친구들과 함께 체육 활동을 하는 것이 즐겁고, 또 실력이 느는 것이 눈에 보이니 재밌다고 했다. 그렇게 일주일이 더 지났을까. 티볼 시합이 있던 체육 시간. 여학생들이 특히 어려워했던 수비에 적극적으로 달려드는 모습을 보였다. 평소 수비는 잘하는 일부 남학생에게 의존하며 짐짓 뒤로 빼던 것과는 확실히 다른 움직임이었다. 점심시간의 특훈이 빛을 발한 것일까. 내야 안타를 깔끔하게 처리하고는 방방 뛰며 좋아하던 여학생들, "멋지다!"를 연발하며 응원해주던 남학생들, 그 장면을 나는 선명히 기억한다. 그때의 감동은 안타를 처리했던 아이들만의 몫이 아니었다. 열심히 하면 얼마든지 해낼 수 있다는 믿음을 스물세 명의 아이들과 내가 공유한 순간이었다.

나는 아이들이 무언가에 방해받지 않고 온전히 자신답게 살기를 바란다. 모두가 자기 자신의 가치를 잘 알고, 노력하면 할 수 있다는 자신감을 느끼기를 바란다. 운동을 잘하는 여학생이 '무슨 여자가 운동을 저렇게 잘해' 따위의 핀잔을 듣고 의기소침해지지 않길, 신나는 하굣길에 집으로, 문구점으로, 학원으로 달음박질치며 가슴 때문에 움츠러들지 않길, 앞머리가 흐트러질까 신경 쓰지 않고 곧장 내달리길 바란다. 운동을 좋아하지 않는 남학생이 소외되거나 놀림당하지 않길, 신체 활동이 힘든 약한 남학생이 언제나 친구들에게 보호받을 수 있길 바란다. 나의 이런 바람을 현실로 만들어줄 수 있는 것, 그것이 바로 페미니즘 교육이라는 믿음으로 오늘도 아이들과 운동장으로 향한다.

화장하는 열세 살

나는 매일 화장을 한다. 먼저 세수를 하고, 화장 솜에 토너를 묻혀 피부결을 정리한다. 그다음 건조해진 피부 위에 세럼을 바른 뒤 수분크림을 듬뿍 발라준다. 여기까지가 피부 보호를 위한 단계이다. 본격적인 화장은 지금부터다. 먼저 피부 노화의 적이라는 자외선을 막기 위해 선크림을 바르고, 파운데이션으로 피부 톤을 균일하게 정리해준 다음 얼굴에 있는 흉터나 다크서클을 가리기 위해서 컨실러를 바른다. 그리고 유난히 비어 있는 눈썹의 반을 그린다. 마지막으로 틴트를 바르면 완성이다.

    사실 나는 화장을 좋아하지 않는다. 나의 화장은 스무 살 넘은 여자가 화장을 하지 않고 외출하는 것은 예의에 어긋난다는 '지적'을 듣고 만들어진 습관이다. 지금은 화장이 나에게 가해진 억압이라고 생각해 종종 화장의 몇몇 단계를 생략하거나 아예 화장하지 않고 외출하는 연습을 하고 있다.

올해 열세 살인 우리 반 여자아이들도 화장을 한다. 물론(?) 남자아이들은 하지 않는다. 화장은 비단 우리 반만의 유행이 아니다. 초등학교 3학년부터 거의 화장을 시작한다. 아이들 대부분이 틴트로 화장에 입문한다. 그다음은 커버력이 있는 선크림이나 비비크림이다. 얼굴은 희게, 입술은 빨갛게 하고 나면 아이들 화장의 1단계가 완성된다. 다음 단계부터는 가지각색이다. 1단계에 머무르며 틴트만 여러 종류를 수집하는 아이들이 대다수이지만, 컨실러, 아이섀도, 눈썹, 아이라인까지 섭렵하는 아이들도 있다. 여자아이에게 화장은 하나의 놀이이자 문화이다. 학교 올 때 화장을 하지 않는 아이들은 많지만, 틴트가 없는 아이들은 없다. 초등학생 때가 화장 입문기라면 중·고등학생 때는 화장 안정기다. 이때부터 화장은 예의의 문제가 된다. 남녀공학의 경우 늦잠을 자는 바람에 화장을 못 한 여자아이는 고개를 푹 숙이고 등교한다. 친구들은 "너 누구야?"라고 웃으면서 농담을 던진다.

　　화장하는 아이들, 그리고 화장한 아이들을 보면 마음이 복잡해진다. 교사로서 교실에 처음 발을 디뎠을 때는 당황스러웠다. 어렸을 때는 화장에 관심이 없었고, 성인이 된 후에도 필요에 의해서 화장을 하는 나였기에 아이들을 이해하기 어려웠다. 게다가 학교

안에서 티 나게 화장을 하는 아이들은 소위 잘나가는 아이들이다. 화장이 아이들 사이의 계급을 드러내는 도구가 된 셈이다.

어린 나이에 화장을 한다는 것이 사회적으로 금기시되는 분위기가 있지만, 나는 화장을 금지할 수 없다고 생각한다. 일단 화장을 했는지 안 했는지 확인할 방법이 없다. 화장이라는 것이 얼마나 세분되어 있는지. 매일 아이들 입술과 피부를 빤히 들여다보면서 화장을 했느냐 안 했느냐를 두고 씨름하는 것은 너무 많은 에너지를 필요로 하는 일이다. 클렌징 티슈를 들고 다니면서 아이들의 화장을 가려내고 그 자리에서 단속하는 동료 교사도 있었지만, 나는 정말 그렇게는 하고 싶지 않았다. 대신에 아이들에게 이야기했다.

"선생님은 여러분의 화장을 금지할 수 없어요. 여러분은 원하면 화장을 할 수 있답니다. 여러분은 모르겠지만 지금의 여러분은 모두 참 예뻐요. 어른들이 왜 화장을 하는지 아나요? 나이가 들어 피부가 많이 상했기 때문에 아기 피부처럼 보이고 싶어서예요. 선생님은 여러분의 피부가 참 부러워요. 그런데 화장을 하면 여러분의 피부가 가려져요. 관리를 잘못하면 피부가 상하게 되고요. 특히, 입술에 바르는 화장품은 완벽하게 지우기가 어려워서 입술에 색이 그대로 남는 경우가 많아요. 화장을 전혀 안 한 남자 친구들의 입술을 보세요. 우리가 가진 입술 본연의 색깔이 예뻐요. 그러니깐 너무 화장하는 것에 집착하지 않으면 좋겠어요"라고.

지금은 이렇게 말한 것을 후회한다. 우선, 나는 이 이야기를 반 아이들이 모두 있는 자리에서 했다. 교실에서 화장하는 아이들은 여자아이들이었다. 화장을 하면 혼난다는 사실을 익히 알기 때문에 아이들은 화장을 하면서도 항상 어른들의 눈치를 봤다. 남자아이들은 그 틈을 노려 누가 화장했는지 나에게 은근히 일러바쳤다. 나아가 화장한 여자아이에게 입술 색이 이상하다, 안 어울린다, 화장을 안 해서 어색하다 따위의 평가를 한두 마디씩 덧붙여오던 터였다. 비난조도 아니었고 걱정하는 마음에서 말했다고는 하지만 남자아이들과 함께 있는 공간에서 이런 말을 하면 안 되는 것이었다. 남자아이는 아마 자신은 해당 사항이 없는 화장이라는 '잘못된' 행동에 대해 자신도 여자아이를 비난할 수 있다고 생각하지 않았을까.

그리고 아이들은 모두 '피부가 좋다'고 전제했다. 아이들마다 피부의 좋고 나쁨은 다르다. 심지어 피부의 좋고 나쁨의 기준이 무엇인지도 없다면 없다. 어쨌든 피부가 좋지 않은 아이들에게 내 이야기는 상처가 되었거나 또 다른 억압이 되었을 수 있다. '다른 아이들은 몰라도 너는 꼭 화장을 해야 해'라는 암묵적 지시처럼 들리진 않았을까.

마지막으로 나는 '아름다움'을 판단하는 기준은 아이들 자신이 아닌 어른인 내가 가지고 있다고 생각했다. '선생님이 보기에 너희는 예쁘니 화장할 필요 없어'라고 말한 꼴이지 않은가. 지금 생각하면 참 오만한 말이었다.

나는 왜 아이들에게 화장하지 말라는 소리를 했을까? 피부에
해로워서? 화장을 기준으로 아이들 사이에 서열이 나뉘는 것이
싫어서? 정말 솔직히 나는 화장하는 아이들이 보기 싫었던 것 같다.
아이가 아이답지 못하고 여자 어른을 흉내 내는 모습이.

　화장의 문제는 복잡하다. 화장은 유독 여성에게만 부과된
과제이다. 나는 화장을 좋아하지 않았지만 스무 살부터 화장을
시작했다. 스무 살이 되면(사실 그 속뜻은 '대학만 가면'이겠지만)
예뻐진다는데 내 모습은 열아홉 때랑 똑같았다. 조금이나마
예뻐지기 위해서 화장을 시작했다. 한 번 시작하니 화장하지 않고는
밖에 나가기 부끄러워졌다. 화장한 내 얼굴이 마음에 든다기보다는
화장하지 않은 내 얼굴을 견딜 수 없게 된 것이다.

　아이일 때는 화장하는 게 죄고, 스무 살이 넘으면 화장을 안
하는 게 죄다. 왜냐하면 '여자'란 성인 남자의 연애 대상일 뿐이니까.
여자가 해야 할 일은 다음과 같다. 아름답게 얼굴을 가꿀 것,
통통하지도 마르지도 않은 예쁜 몸매를 유지할 것, 항상 웃을 것,
말투는 상냥할 것, 상대방의 이야기를 경청할 것. 자연스레 화장은
여자의 의무로 등극한다. 하지만 초등학생 여자아이는 '여자'에
해당하지 않는다. '여자'가 아닌 단계에서 화장은 할 일이 아니거니와
남성의 연애 상대로 보일 '위험'까지 있으니 이 얼마나 단속해야 할
일인가. 그러니 사회는 화장하는 아이들을 비난하고 처벌한다. 나
또한 여기서 자유롭지 않았다.

화장하는 열세 살

지금 나는 아이들에게 다르게 말한다. 화장하지 말라고 하는 대신 타인의 외모에 대해서 절대 지적하지 말라고 당부한다. "다른 사람의 생김새나 옷차림에 대하여 이야기하는 것은 예의 없는 행동이야. 친구들끼리도, 부모님, 선생님을 포함한 누구도 타인의 얼굴이나 차림새에 대해서 지적하면 안 돼. 그건 인권을 침해하는 일이야"라고. 그렇다고 한 번 만에 마법처럼 교실에서 외모 평가가 사라지진 않는다. 내가 할 수 있는 최선은 아이들이 다른 사람의 외모에 대해 말할 때마다 "지금 그 말은 외모 평가야. 외모 평가는 잘못된 거야"라고 일러주는 것이다. 아이들은 엄청 느리게 조금씩 변해간다. 어느 날 악기 수업을 위해 외부에서 오신 선생님이 한 여자아이에게 화장을 잘한다고 칭찬하자, "선생님, 그거 외모 평가예요. 외모 평가하지 마세요"라고 아이들은 일말의 고민도 하지 않고 답했다. 그 장면을 보며 남몰래 얼마나 뿌듯했는지 모른다. 이제 우리 반 아이들은 화장하는 것을 눈치 보지 않는다. 쉬는 시간에 화장실에서가 아니라 교실에서 화장을 한다.

물론 여자 어린이들이 화장하는 이유는 되짚어봐야 한다. 아이들 사이에 이토록 화장이 흔해진 원인 중 하나는 변화한 아이돌 문화일 것이다. 아이돌 연령이 낮아지고 학생의 모습으로 그려지면서 초등학생들의 모방 욕구가 강해진 것은 확실하다. 그리고 온 미디어가 전방위적으로 아이들을 압박한다. '예쁜 여자란 이런 거야', '사람들이 사랑하는 여자는 이런 모습이야'라고. 때맞춰 뷰티 로드숍들이 우후죽순 들어섰고, 아이들은 용돈으로 간단한 화장품을 살 수 있게 되었다. 아이들이 화장에 빠지는 것은 어쩌면 너무도 당연하다. 미디어는 여성의 화장 전후, 다이어트 전후 사진으로 도배되고, 아름답지 못한 모습은 '흑역사'로 기록된다. 그러면서도 마치 화장을 하지 않은 것처럼 보이는 민낯 메이크업은 화장의 고급 기술로 인정받는다. 자기 자신의 본래 모습으로 사랑받는 여성은 어디에도 없다. 그러니 아이들은 아이돌처럼 꾸미기 위해 끊임없이 노력할 수밖에. 이런 분위기에서 성장한다면 아이들은 결국 나처럼 화장을 하나의 과업으로 수행하게 될 것이다. 따라서 아이들에게 화장할 자유를 주는 동시에, 화장을 하는 이유 역시 되돌아볼 계기를 마련해주어야 한다. 그리고 화장한 자신의 얼굴도, 화장하지 않은 자신의 얼굴도 사랑할 수 있도록 도와야 한다. 나는 어른과 아이 모두 서로의 외모에 대해서 평가하지 않는 것이 그 첫걸음이라고 믿는다.

경기도 학생인권조례 11조 1항은 '학생은 복장, 두발 등 용모에 있어서 자신의 개성을 실현할 권리를 가진다'고 명시하고 있다. 나는 아이들이 자유롭게 자신의 개성을 실현하기를 원한다. 이를 위해서는 화장을 할 권리와 더불어 화장을 하지 않을 권리도 필요하다. 교실에서 외모 평가를 하지 않는 연습을 한 아이들은 어쩌면 화장을 선택할 수 있는 권한이 개인에게 온전히 주어지는 세상을 만들 수 있지 않을까.

따돌림

고학년을 맡게 된 교사들이 가장 걱정하는 것 하나를 꼽는다면
단연 따돌림일 것이다. 특히 여학생들 사이에서 벌어지는 따돌림의
경우, 그 주동자를 가리키는 은어가 만들어질 만큼 꽤 일상화되어
있다. 중·저학년 교실에서 따돌림 현상이 벌어지면 교사들 입에서
"아이들이 조숙하다"라는 말이 나오곤 하는데, 이는 따돌림이
성장의 지표이자 통과의례로 받아들여지고 있다는 뜻으로 보이기도
한다.

흔히 따돌림은 여학생의 문제적 행동으로 지적되는
분위기이지만 꼭 그렇지만은 않다. 그리고 그 양태가 성별화되어
나타나는 것을 발견할 수 있다.

'따돌림'이라고 할 수 있을 만한 행동이 남학생들 사이에서 나타날 때는 서열이 두드러진다. 물론 모든 경우라고 단언할 수는 없지만 '서열'이라는 말로 설명할 수 있는 따돌림의 형태가 많은 것은 분명하다.

남학생들 사이에서 서열의 꼭대기를 차지하는 아이는 키가 크거나, 몸집은 작아도 운동을 특출하게 잘하는 등 이른바 '남성성'에 속하는 기질이 강한 아이이다. 몸집이 작고 운동신경이 부족하거나 감수성이 풍부한 남자아이는 여지없이 서열의 아래에 놓인다. 서열의 위쪽을 차지한 아이의 말에는 모두가 웃음을 터트리고 억지스러워도 그 아이가 낸 의견은 기꺼이 수긍하고 따른다. 반면 서열 아래쪽에 위치한 아이는 아무리 좋은 의견을 내도 웃음거리가 되는 경우가 많다.

그럼에도 남학생들의 서열화된 따돌림은 눈에 잘 띄는 편이어서 교사가 문제를 인식하는 시기가 비교적 빠르고 상황을 좀 더 나은 방향으로 돌릴 기회도 얼마간 있다. 하지만 피해자, 즉 낮은 서열에 놓여 늘 놀림거리가 되거나 부당한 요구를 들어줘야 하는 상황에 처한 아이와 상담을 해보면 '농담이라 괜찮다'고 말하는 경우가 많았다. 내가 보기엔 일방적인 괴롭힘인데도 아이는 모든 것이 장난일 뿐이고 우정의 표현이라고 생각했다. 그 '농담'과 '우정의 표현'은 서열이 높은 아이가 낮은 아이에게 할 때에만 인정될 뿐, 반대는 전혀 받아들여지지 않는데도 말이다.

아이들이 이렇게 생각하는 데는 이유가 있다. 자신보다 위쪽

서열인 아이의 무시와 장난을 거부할 경우 아예 그룹에 끼지 못하는 경우가 부지기수이다. 이 지점에서 교사도 난감한 상황과 맞닥뜨리는데, 피해자(로 볼 수 있는) 아이가 오히려 교사의 개입을 싫어할 때가 있기 때문이다. 교사가 "심한 장난은 상대방이 괜찮다고 해도 폭력이 될 수 있으니 그만둬야 한다"고 가해자(로 볼 수 있는) 아이를 단속하면, 이 아이는 피해 아이에게 아무런 액션도 취하지 않는 것으로 대응했다. 피해자가 그 그룹에서 완전히 열외 되는 것이다.

교사 입장에서도 반 남자아이들의 분위기를 좌지우지하는 남자아이와 척을 지는 건 사실 대단히 부담스러운 선택이다. 서열 위쪽에 있는 남자아이의 행동은 굉장히 빠르게 모든 남자아이에게 퍼지기 때문이다. 그러다 보니 교사들 사이에는 생활지도의 '팁'처럼 '서열 높은 남자아이'를 인정하고 교사 편으로 끌어들여 그 아이의 '권위'를 빌려 반 분위기를 잡으라는 말이 돌았다. 부끄럽지만 나 또한 그런 방식을 활용해본 적이 있다. 어수선해진 수업 도중에 서열 높은 남자아이가 "야, 조용히 하라고!"라며 큰 소리로 말하는 것을 흐뭇하게 지켜보며 일순간 조용해진 교실에서 수업을 했던 때가 있었다. 나는 이 아이에게 '진정한 리더십'을 운운하며 다른 아이들에게 좀 더 너그럽게 대하라고 충고할 수도 있었다. 반은 겉보기엔 제법 평화로워졌다. 하지만 근본적으로 남자아이들의 관계가 '남성성'이라는 특성을 얼마나 잘 구현해내느냐에 따라 서열화되는 '문제'는 변하지 않았다.

마음속 씨름을 몇 년 하고 나서야 남학생들 사이의 따돌림의
기저에는 '남자답지 않은 남자는 인정할 수 없다'는 생각이 있으며,
이것이 근본적인 문제라는 사실을 깨달았다. '남자다움'이라는 것이
얼마나 실체 없는 환상인지 아이들을 납득시키지 못하면 아이들
사이의 기괴한 '서열 문화'를 해체하기는 힘들었다. 다행히 '남성성'을
완벽히 체화하지 못한 이 시기의 남자아이들은 자신이 '남자답기'
위해 감내하고 견뎌야 했던 고통이 무엇인지 기억하고 있었다. 울고
싶어도 '남자는 울면 안 된다'는 말을 들었던 것, 힘들다는 말에
'사내 녀석이 이 정도도 못 참느냐'고 타박을 들었던 것이 그렇다.

　　나는 그런 아이들의 마음에서부터 공감대를 찾아갔다.
남자다운 행동을 함으로써 친구들 사이에서 높은 서열과 권력을
차지할 수 있게 된 건 사실이지만, 누구도, 지금 가장 꼭대기에
올라앉은 너조차도 완벽하게 '남자다울' 수는 없으며 그럴 필요도
없다고 이야기했다. 남자다움과 여자다움은 존재하지 않는다고,
사람은 나 자신으로 있을 수 있을 때 가장 행복한 법이고 적어도
우리 교실은 그런 공간이었으면 좋겠다는 나의 간절한 바람을
아이들은 고맙게도 잘 받아들여주었다.

　　물론 1년 안에 이룰 수 있는 변화는 크지 않았다. 서열 꼭대기에
있던 아이가 자신의 감정을 눈물로 표현하는 일은 결코 벌어지지
않았다. 하지만 이제 '우는 남자아이'를 대놓고 얕잡아 보는 학생은
없다. 그리고 어느 날, 눈물이 많은 한 남자아이가 자신을 놀린
친구에게 "난 감수성이 풍부한 사람이라 그런 거야. 넌 편견이 있는

사람이야"라고 대꾸하는 것을 본 순간을 나는 오래도록 잊지 못할
것이다.

여학생들의 따돌림은 대체로 편 가르기로 나타난다. 주축이 되는
아이와 그 아이를 좋아하는 '같은 편' 친구들이 한 사람 또는 특정
집단을 배척하는 형태다. '같은 편'끼리의 관계는 매우 돈독하다.
절친한 사이만이 '같은 편'이 될 수 있다. 챙겨주고, 칭찬해주고, 서로
아끼는 사이인 것이다. 따돌림은 이 그룹 내에 '우리'가 아닌 '그쪽'의
어떤 아이가 하는 모든 행동을 무시하거나 꼬투리를 잡아 비웃고
싫어해야 한다는 규칙이 생길 때 나타났다.

　여학생들 사이의 따돌림은 교사가 알아차리기 힘든 경우가
많은데, 뉴스에 대대적으로 보도되는 사례와는 달리 서너 명의
소집단에서, 때로는 가까운 사이에서도 벌어지는데다 가해자와
피해자가 계속 뒤바뀌며 복잡하게 전개되기 때문이다.

　나중에 나는 따돌림으로 번지는 여자아이들 사이의 갈등
양상이 사실 더 큰 갈등을 조용히 봉합하려는 아이들 나름의
방책이었다는 사실을 깨달았다. 겉으로 대놓고 싸우지 못해서,
싸움을 아예 피하려고 시도한 어떤 행동이 따돌림으로 변하는
경우가 많았던 것이다. 적어도 내가 반복해 겪은 여학생들 사이의
따돌림을 재구성해보면 이렇다(상황과 당사자를 특정하지 않기 위해
가명을 썼다).

5학년 은진이는 자기도 모르는 사이에 친구 서현이에게 소소한 실수를 했다. 아주 작고 사소한 일이어서 은진이는 전혀 알아차리지 못했고, 서현이도 불쑥 화내기에는 뭔가 꺼림칙한 정도의 에피소드라서 그 순간은 아무렇지도 않은 듯 넘어갔다. '소소함'의 수준을 굳이 설명하자면 이렇다. 서현이가 은진이에게 형광펜을 빌려달라고 했다. 은진이는 형광펜이 없는 줄 알고 거절했지만, 잠시 뒤에 보니 가방 속주머니에 형광펜이 있는 것을 발견했고, 다른 친구가 형광펜을 빌려달라고 했을 때 아무렇지 않게 서현이가 있는 자리에서 빌려주었다.

그 순간 서현이는 별말을 하지 않았다. 감정이 상했다고 하면 은진이도 기분이 나빠질 테고 싸움이라도 나면 선생님께 혼날 수도 있으니 참는 편이 낫다고 부지불식간에 생각한 것이다. 당연히 은진이는 자기가 뭘 잘못했는지 모르니 서현이에게 특별히 잘 대해주려고 한다든가 사과를 하는 등의 행동을 하지 않았다. 문제는, 이 비슷한 일이 한 번 더 일어났다는 것이다. 서현이가 별로 좋아하지 않는 다른 친구에게 은진이가 호의를 베푼 것이다.

서현이는 내가 싫어하는데 어떻게 눈치 없이 저러나 점점 서운해지고 속을 끓이다가 은진이가 아닌 보윤이에게 속상함을 토로한다. 다음 날, 등굣길에 은진이가 보윤이에게 인사를 건네자 보윤이는 은진이의 인사를 무시한다. 그리고 이 상황을 보윤이가 서현이에게 전하자, 서현이는 보윤이에게 고마움을 표한다. "내 대신 은진이한테 복수해줘서 고마워. 속이 시원해졌어."

이제 서로의 행동에 정당성과 은밀한 공감이 생겼다. 보윤이는 서현이를 위해 의리 있는 행동을 했고, 서현이는 은진이가 별다른 사과도 없으니 점점 더 무시하고 멀어지게 된다. 시간이 갈수록 둘의 행동은 점점 과감해진다. 초기엔 그저 인사 한 번을 받아주지 않은 정도였는데, 그다음엔 들으란 듯 귓속말을 하며 웃는다. 서현이와 보윤이의 은밀한 행동은 이내 다른 아이들에게까지 확대된다. 화장실에 같이 가자는 은진이의 말은 모두 거절당하고 급식 시간에 은진이 옆에 앉는 친구들은 은진이를 투명인간 취급한다. 심각함을 눈치 챈 은진이는 필사적이 된다. 하지만 이미 고학년인 아이들 사이에서 필사적인 구애는 친구들에게 비웃음을 사기 쉽다.

그렇게 서현이는 '가해자'가, 은진이는 '피해자'가 되어간다. 설상가상으로 피해자를 비웃는 행동은 새로운 그룹에 다가갈 수 있는 수단이 된다. 피해자와 친했던 아이들도 따돌림이 두려워 피해자를 멀리하기 시작한다. 피해자를 따돌리는 것은 하나의 게임이 되어버린다. 별로 친하지 않았던 아이들도 기꺼이 키득거리며 쪽지를 전달한다. 피해자가 짜증나는 이유가 빼곡하게 적혀 있고 무언가 재치 있는 말을 쓴 아이는 그날 하루 스타가 된다. '가해자'는 하루하루가 즐겁다. '재치 있는' 말을 고를 권한이 자신에게 있기 때문이다. 모두가 가해자에게 말을 걸고 싶어 하는 동시에 가해자를 두려워한다. 가해자의 마음을 상하게 하는 순간 자신이 아무런 경고 없이 피해자와 같은 처지로 전락하리란 것을 알기 때문이다. 물론 이러한 불안함은 '가해자' 역시 언젠가는 마주하게 될 수밖에 없다. 자신이 그런 것처럼 지금 내 앞에서 웃고 있는 내 친구가 다른 곳에서 내가 기억도 하지 못하는 잘못을 꼬투리 잡아 나를 따돌릴 수도 있다고 생각하기 때문이다.

교사가 무언가가 잘못되었음을 인식하는 것은 상황이 이쯤 이르렀을 때이다. 상담을 해보지만 이미 제일 처음의 '그 일'이 무엇이었는지는 희미하다. 가해 아이는 애초에 속상한 일을 당한 건 자신이었다며 억울해한다. 더군다나 친구를 때린 것도, 욕을 한 것도 아닌데 무엇이 잘못이냐는 것이다. 사실이다. '가해자'는 친한 친구와 웃었고, 속닥거리며 놀았고, 밥을 먹었을 뿐이다.

초반에 내가 이 문제를 해결하려고 썼던 접근법은 효과가 없는 것을 넘어 오히려 문제를 악화시키기만 했다. 아이들에게 뭐가 섭섭했는지 꼬치꼬치 묻고, 너희가 서로 이야기를 나눠서 해결할 능력은 없는 것 같으니 규칙을 만들어주겠다고 나섰다. 화장실 따로 가기, 귓속말 하지 않기 등이었다. 아이들의 행동반경을 좁혀 가해 그룹을 쪼개고 피해 아이(그룹)에게 접근하지 못하게 하려는 당장의 조치이긴 했으나, 근본적인 해결책은 아니었다. 이런 근시안적이고 단편적인 접근법은 학교 현장에서 널리 사용되며, 따돌리고 따돌림 당하는 데 지친 아이들은 이런 방식을 반기기도 한다.

해를 거듭하며 여학생들의 따돌림을 지켜보고 다양한 시행착오를 거치면서 한 가지 깨달은 바가 있다. 여자아이들의 따돌림은 자신의 나쁜 감정을 상대에게 전달하는 것이 부적절하다고 여기고 표현하지 못하는 데서 시작되는 것 같았다. 표현되지 않은 감정은 사라질 리 없으니 관계를 무기로 삼는 것이다. 내 편이 더 많으면 나의 이 나쁜 감정을 동조해줄 사람도 늘어날 테고, 그러면 친구를 나쁘게 생각한 자신도 나쁘지 않다고 여길 수 있기 때문이다.

나는 여기에 '상대의 기분을 먼저 살피고 관계를 원만하게 유지하는 것'을 '여성스러움'으로 여기는 사회적 규범이 상당한 영향을 미치고 있다고 생각한다. 여자아이들은 친밀함이 생기면서 더욱 이러한 규범에 매달리고 서로에게 좋아야만 한다는 약간의 강박에 시달린다. 그래서 때때로 싸움의 타이밍을 놓치고 안타깝게도 따돌림까지 이어지는 것은 아닐까.

그렇다면 어떻게 접근해야 할까.

나는 아이들에게 친구와 선생님, 주위의 어른들이 기대하는 행동에 반한다고 해서 '나쁜' 어린이로 평생 살게 되는 것은 아니라고, 관계를 무기로 편을 나누고 상처를 주는 것은 싸움을 피하려 했던 것보다 훨씬 비겁한 행동이라고 말해주기로 했다. 상대에게 나쁜 감정을 드러내는 것은 결코 친구를 배신하는 행동이 아니라고 안심시켜주기로 했다. 그리고 그렇게 하는 것이 문제 상황을 해결하는 데 효과적임을 아이들을 통해 확인했다.

성별을 나눠 이야기했지만 당연히 남자아이들 사이에서도 '편 가르기'가 있고, 여자아이들 사이에서도 일종의 '서열'이 있다. 남자아이는 이게 문제고 여자아이는 저게 문제라고 단정 지을 수 없으며, 나의 경험이 당연히 전부도 아니다. 이 글에서 내가 강조하고 싶은 것은, 아이들의 관계 맺기 방식 그리고 관계를 망가뜨리는 방식조차 성별화된 사회적 기대에 부응하려는 노력의 나쁜 결말이 아닐까 한번쯤 생각해봐야 한다는 것이다. 이를 인정한다면, 아이들에게 '남자는 우는 거 아니야'라든가 '여자가 친구 관계에 더 목매지 않나' 같은 말은 하지 않아야 한다.

나는 따돌림의 원인이 성별화된 덕목을 강요하는 구조에 있으니 따돌림을 그러려니 받아들이거나 이해해야 한다고 말하고 싶지 않다. 또 그 원인이 성별화된 규범에만 있다고도 생각하지 않는다. 그럼에도 아이들이 친구 맺기란 어떠해야 하는지, 갈등은 어떻게 해결해야 하는지를 배우기도 전에, 성별에 따라 특정한 나쁜 행동 양식을 보인다는 사실은 교사와 보호자가 고민해볼 지점이 아닐까.

유행처럼 스며든 교실의 혐오표현

정순

나에게 페미니즘은 충격으로 다가왔다. 여성과 남성은 동등하다고
배워왔고 당연히 사실이라고 믿고 있었다. 모든 사람이 같은
세계를 공유하고 있는 줄 알았는데, 미국 드라마 「기묘한 이야기」
속 뒤집어진 세계(Upside down)처럼 사실이 아니었다. 여성인
나는 택시를 탈 때마다 기사님이 불편해하실까 봐 일부러 현금을
준비해두는 것이 센스이자 필수라고 생각하지만 나보다 훨씬
어린 남동생은 그럴 필요가 없는 세계, 친구들끼리 놀다 밤늦게
택시를 타면 택시 번호를 찍어 메시지로 알려주고 집에 도착하면
꼭 알려달라며 신신당부하는 여성들의 행동을 남성은 공감하지
못하는 '뒤집어진 세계'. 무척 당황스러웠다.

혼란은 길지 않았다. 페미니즘을 만난 후로 세상의 모든 것이

달리 보이기 시작했다. 그리고 곧 불편해졌다. 엄마가 왜 설거지를 남동생에게는 시키지 않으면서 나에게는 기대하는지, 엄마가 자리를 비우면 왜 아빠가 공부하는 나를 붙잡고 밥 차리라며 으름장을 놓는지, 이런 모든 상황이 여성이기에 기대되는 역할이라는 것을 깨달았다.

달리 보이기는 학교도 마찬가지였다. 교실 청소를 위해 책상을 밀어야 할 때 자연스럽게 남학생에게 부탁한다든지, 여학생들이 꼼꼼하니 청소 뒷정리를 맡기는 것 같은 사소한 일들에서 그랬다. 나는 불편해졌지만, 동료 교사들은 이런 분위기를 특별히 문제로 삼지 않았다. 모른 척 따라가자니 마음이 괴롭고 목소리를 내자니 혼자였다. 익숙한 것을 깨는 것에 대한 두려움이 따라왔다.

이 두려움은 페미니즘을 공부하고 연구하는 다른 선생님들과 함께 수업과 생활지도의 고민을 나누면서 줄어들었다. "학생들이 여성 혐오표현을 할 때 어떻게 지도하면 좋을까요?"라는 고민을 던지면 다 같이 달려들어 방법을 고민했다. 다른 교사의 지도법을 듣고 살피면서 정답이라 할 수 있는 단 하나의 방법이란 애당초 없으며, 내가 가장 잘할 수 있는 방법으로 최선을 다하면 된다는 것을 배웠다. 교과서 속 성평등 또는 성불평등에 대해 다루는 수업을 짜보기도 했고, 수업 후기와 자료들을 교사 커뮤니티에 공유하기도 했다. 페미니즘 그림책을 읽고 서로 추천했고, 여러 책을 읽으며 함께 공부했다. 구체적인 현안에 대한 논의도 빠지지 않았다. 성교육 표준안 자료를 비판적으로 살피고 어떻게 더 현실적인 성교육 프로그램을 만들 수 있을지 토의했다. 불편한 교복에 관한 영상을 만들고, 페미니스트 보호자들과 만나 누구도 배제되지 않는 음악 페스티벌을 기획하는 활동도 했다. 같은 이상을 공유하는 선생님들이 있다는 것을 알게 되자 좀 더 적극적으로 수업과 생활지도에 페미니즘을 적용하고 싶은 의지와 용기가 생기기 시작했다.

처음으로 시도한 것은 외모 평가의 문제점에 대한 지도였다. 초등학교 고학년은 수업 자료에 여성의 사진이나 영상이 등장하기만 해도 "예쁘다", "살쪘다", "못생겼다" 하는 '품평'을 스스럼없이 한다. 일상적으로도 마찬가지다. 심지어 교사의 옷차림, 몸매, 목소리를 평가하고 "선생님, 오늘은 왜 화장 안 하셨어요?"라며 이유를 묻는 학생도 있다. 아이들에게 외모에 집착하고 평가하고 검열하는 것에 대해 이야기해주고 싶어 기회를 노리던 중 어느 날 종례 시간에 말을 꺼냈다.

"다른 사람을 위해 해주는 말 중에도 사실 무례한 표현이 많습니다. '요새 얼굴이 살이 붙어 보기 좋구나!'라는 말은 여러분에게 '이번 수학 단원평가 점수는 몇 점 받았니?', '회장 선거에 나가서 왜 떨어진 거니?' 같은 말과 비슷하지요. 내가 바꿀 수 없거나 바꾸기 어려운 것에 대해서는 칭찬으로 하는 말이어도 조심하는 것이 좋습니다. 이미 바꿀 수 없으니까요. 부모, 외모, 나이, 키 등이 그렇죠."

아이들은 평소처럼 하교를 했다. 특별히 고개를 주억거리는 아이도 없었고 반발하는 아이도 없었다. 한 번의 설명만으로 학생들이 바뀌리라고는 당연히 기대하지 않았다. 페미니즘 수업의 첫걸음을 뗐다는 데 의의를 두자고 마음을 다잡았다. 그리고 기회가 있을 때마다 외모 평가에 대해 이야기했다. 그렇게 얼마나 지났을까. 한 학생이 질문했다. "예쁘다"는 칭찬인데도 안 되느냐는 것이었다. 질문이 반가웠다.

"상대를 칭찬하는 것은 좋은 친구 관계의 시작이지요. 칭찬은 상대방에게 관심을 표현하고 싶은 것일 테지요? 그러면 상대방이 관심 있는 분야를 이야기하면 좋을 것 같아요. 야구를 좋아하는 친구에게는 야구팀이나 선수에 관해, 아이돌 가수 팬인 친구에게는 친구가 좋아하는 팀에 관해 이야기 나눠보면 어떨까요.

예쁘다는 것은 칭찬으로 여겨지죠. 하지만 정말 칭찬일까요? 예를 들어봅시다. 태어났을 때부터 속눈썹이 길고 콧대도 곧게 뻗어 있어 '너무 예쁘네!'라는 말을 자주 듣고 자란 아이가 있다고 가정해보죠. 이 아이도 '예쁘다'는 말을 칭찬으로 받아들였고 좋아했어요. 그러던 어느 날, 이 아이가 큰 교통사고를 당해서 코가 조금 휘어졌다고 치고 질문해봅시다. 이 친구는 콧대가 휘어졌기 때문에 사랑받지 못할 거라고 생각할 가능성이 높을까요? 외모와 관계없이 사랑받을 것이라고 확신할까요? 머리로는 사랑받을 것이라는 알지만 마음 한구석에는 달라진 외모 때문에 사랑받지 못하면 어떡하나 걱정하게 될까요? 여러분은 어떤 마음이 들 것

같나요?"

　수시로 학생들과 이런 이야기를 나눈 덕일까. 반 아이들은 이제 외모 평가를 하지 않으려고 노력한다. 적어도 예전보다는 내 귀에 덜 들린다.

'게이 같다', '흑형', '병신', '앙 기모띠', '급식충' 등의 혐오표현도 문제였다. 학생들은 평등과 관련된 수업 시간에는 '모든 사람은 다 평등합니다'라는 큰 명제에는 기꺼이 동의한다. 흑인이나 여성이 차별받고 있다는 이야기를 할 때도 고개를 끄덕인다. 그러다 잠깐 짬을 내 '우리 솔직해져보자'라는 주제로 다른 사람이 나와 달라서 이상하다고 생각하는 점이 있는지 난상토론을 한 적이 있다. 그런 코너를 왜 하자고 했을까 후회될 만큼 수많은 혐오표현이 거리낌 없이 튀어나왔다. "솔직히 중국인들 시끄러워. 왜 짱깨라고 하는지 알겠어", "흑인들은 무서워", "그런 사람을 흑형이라고 부르잖아. 솔직히 키도 크고 말도 우리가 배운 거랑 다르게 이상하게 하고", "우리는 급식이지", "누가 우리 보고 급식충이라고 부르던데?", "우린 초딩 급식충이네"라는 말들이 난무했다.

　소위 남자답지 않은 표현을 하는 남학생을 가리켜 "게이 같다"며 비하하고, 마치 버릇처럼 아무 말이나 "앙 기모띠"를 붙이는 학생들에게 왜 그런 표현을 하는지 물어보면 "게이 같은 거 맞잖아요", "앙 기모띠라는 표현은 귀엽잖아요"라는 대답이 돌아왔다. 말과 언어가 어떤 힘을 가지는지, 비하와 욕설의 표현에 왜 소수자들이 자꾸 소환되는지 말해주고 싶었지만, '그냥 재미있다'는 이유만으로 쓰는 학생들에게 어디부터 말해주어야 할지 감을 잡을 수 없었다. 이런 혐오표현은 대개 온라인에서 시작되고 아이들은 빠르게 습득한다. 그렇다고 게임을 못 하게 하거나 예능을 못 보게 하고 유튜브를 차단할 수는 없지 않은가. 다만 교사로서 할 수 있는 만큼 설명하고 또 설득해나가야 한다고 생각했다.

학생들의 이해를 돕기 위해서 홍성수 교수의 "혐오표현은 어떻게 사회를 파괴하는가" 강연 영상을 보여주었다. 학생들이 이해하기에는 어려워 중간 중간 영상을 멈추고 맥락과 내용을 설명해주었다.

　"혐오표현이란 누군가를 막연히 싫어하는 것뿐만이 아니라 소수자를 차별하거나 배제하려는 의도를 가지고 있는, 그런 효과를 내는 말을 의미합니다. 농담처럼 하는 말도 다른 사람에게는 큰 상처로 받아들여질 수 있어요. 예를 들어, '차도르 입고 돌아다니는 거 싫어'는 단순히 차도르라는 복장에 대한 호불호를 뜻하는 말이 아닙니다. 차도르를 입어야 하는 소수 종교인에게는 민감하게 받아들여질 말이죠. 차도르를 입기 때문에 차별을 받아왔으니까요. 다른 예를 들어볼까요. 만약 내가 일본에 있는 대학교에 다니는데, 그 대학교에 '바퀴벌레 조선인을 몰아내자'라는 대자보가 붙어 있다면 어떨까요?"

　학생들은 "빨리 한국에 와야겠다", "조심해야겠다", "잘못하면 큰일이 날 수도 있겠다"는 반응을 보였다. 다시 한 번 종교, 인종, 성적 지향, 성 정체성, 외모와 같이 바꿀 수 없는 것을 두고 놀리거나 비난해서는 안 된다고 정리해주었다. 덧붙여 실제로 혐오표현에 끊임없이 노출되고 차별당한 사람 중 일부는 학교나 직장을 그만두어야 했으며 스트레스로 병을 얻기도 한다고 말했다. 학생들의 반응은 조금 의외였다. 말일 뿐인데 진짜 병에 걸릴 수 있느냐는 반문부터 돌아왔다.

"악의를 가지고 혐오표현을 쓰지 않더라도 그 영향은 같습니다. 실수로 썼다면 빠르게 사과하고 다음에는 그러지 않도록 조심해야 합니다. 자신이 혐오표현을 썼더라도 그 사실을 모를 수도 있죠. 그렇기에 혐오표현임을 아는 친구는 꼭 지적을 해주어야 합니다. 내가 쓰지 않는 것도 중요하지만 주변 사람들에게 무엇이 잘못되었는지 알리고 설명하는 것도 큰 도움이 되기 때문입니다."

수업 이후에도 여전히 혐오표현을 쓰는 학생은 있다. 그러나 무엇이 혐오표현이고 왜 잘못된 것인지는 알 것이다. 그러니 적어도 누군가 '그거 혐오표현이야'라고 제지하거나 불쾌감을 표했을 때 인정하고 사과할 수 있는 사람으로 자랄 수 있지 않을까. 고작 서른 명 남짓한 학생들 사이에서 피어난 불확실한 변화는 세상을 바꾸기엔 미약할지 모르겠다. 하지만 이 작은 변화가 모여서 확실하고 중요한 변화를 이룰 것이라고 나는 믿는다.

불공평한 게임과 규칙 바꾸기

이신애

작년에는 친구들과 연말 모임이 유난히 많았다. 직장인이 된
뒤로는 서로 얼굴 보기가 쉽지 않아진 터라 만나면 사는 이야기를
쏟아내고 듣느라 바빴다. 내가 페미니스트 교사임을 선언하고
교실에서 악전고투하고 있다는 사실을 아는 친구들은 요즘 교실
상황이 어떤지 궁금해했다. 교사인 내가 노력하니 엄청나게
변하더라고 당당하게 말할 수 있으면 얼마나 좋으랴마는 그렇지가
않다. 소수자 혐오나 욕설 없이 청정하리라고 예상하는 주변의
믿음에 미안하게도 우리 교실 또한 여타 다른 교실이 겪고 있을
여러 문제를 함께 앓고 있다.

학기 초부터 나는 페미니스트로서의 다짐을 교실 곳곳에 담았다.

여성 혐오를 일삼는 유튜버를 그대로 따라하는 남학생들과 걸그룹 같은 몸매를 만들겠다며 매번 급식을 남기는 여학생들을 구해줘야겠다고 굳게 결심했다. 학습 준비물을 구매할 때 분홍색, 파란색으로 구분하지 않으려 했고, 교과서에 나온 성차별적이고 정상가족 이데올로기를 강화하는 텍스트들을 재구성해 성평등한 언어를 아이들에게 알려주려고 노력했다. 아이들과 함께 학급 규칙을 만들 때에도 내가 놓치는 것은 없을까 고민하고 신경 썼다. 학급 회의를 거쳐 만들어진 우리 반의 규칙은 이렇다. 키 순서대로 번호 만들지 않기, 어떤 상황에서도 절대 폭력을 사용하지 않기, 외모 평가하지 않기, '남자답게', '여자답게'라는 말 쓰지 않기.

저학년을 대상으로 했던 수업의 성공 경험이 나를 한껏 자신감에 차게 했고, 고학년 수업도 큰 어려움이 없으리라고 생각했다. 또 학급 규칙을 만들 때 예상보다 훨씬 적극적이었던 아이들을 보며 내심 기대가 컸다. 하지만 내가 자리를 비우는 쉬는 시간에 아이들은 "느금마", "앰창", "시발년"을 무기처럼 사용하고 있었다. 남자 화장실 앞에서 성행위를 연상하는 몸짓을 하며 웃는 우리 반 아이와 마주쳤을 때의 당혹감이란. "여자가 쉽게 맘을 주면 안 돼—"라는 가사를 외며 트와이스의 안무를 따라 추고, 비비크림 없이는 밖에 나갈 수 없다고 가볍게 툴툴대는 아이들 속에서 나는 한동안 슬럼프를 겪었다.

페미니스트 교사인 나를 제외한 나머지 모든 것이 아이들을 혐오의 길로 이끄는 것 같다는 생각을 떨칠 수 없었다. 교사가 칠판

앞에 서서 "여러분, 욕을 하는 건 아주 나쁜 행동이에요. 아름답게
꾸며야 한다는 강박에서 벗어나야 한답니다"라고 말하는 것만으로는
아무것도 바꿀 수 없다는 건 알고 있었다. 그렇다고 아이들을 일일이
쫓아다니며 왜 함께 정한 규칙을 지키지 않느냐고 다그칠 수도 없는
노릇 아닌가. 교실의 상황은 나의 무능력을 증명하는 것만 같았다.
부족한 내가 성평등 수업을 해도 괜찮은 것인지 의구심이 들기
시작했다.

　　다시 의욕이 생긴 것은 이런 상황이 내가 페미니스트로서 겪는
실패가 아니라는 것을 깨달은 날부터였다. 어느 날, 반 아이들 몇 명이
우르르 몰려와서는 반 친구들이 비속어를 쓰지 않으면 좋겠다며
학급 회의에서 다시 이야기를 하고 싶다고 내게 도움을 청했다.
지금까지 '실패'라고 생각했던 모든 상황은 내가 페미니스트여서가
아니라 교사이기 때문에 겪을 수밖에 없는 흔한 실패가 아니었을까.
어쩌면 '실패'도 아니었다. 제아무리 옳은 소리라도 한두 달 만에
드라마틱한 변화까지 이끌어낼 수는 없었던 것이다. 아이들의
주도로 열린 학급 회의를 지켜보며 나는 교실의 구원자가 되어야
한다는 강박에서 벗어날 수 있었다. 그리고 교사는 자정능력을 갖춘
아이들의 조력자라는 점을 깨달았다.

그러고 나니 훨씬 더 여러 가지를 생각할 수 있었다. 어떻게 하면
아이들이 내 이야기를 재밌어할지, 소화할 수 있을지 고민했다.
아무래도 시각 매체에 대한 반응도가 높으니 영화를 소재로

이야기를 꺼내보았다. 1985년 미국 여성 만화가 엘리슨 벡델이 남성 중심적 영화가 얼마나 많은지 계량하기 위해 만든 성평등 문항인 '벡델 테스트'를 설명하고 최근에 자신이 본 영화에 대응시켜보고 아이들끼리 이야기를 나누는 시간을 가졌다. 벡델 테스트의 문항은 세 가지로, 첫째, 영화에 이름을 가진 여성 캐릭터가 최소 두 명 이상 등장할 것, 둘째, 여성들끼리 이야기를 나눌 것, 셋째, 그 대화의 소재가 남성에 대한 것이 아닐 것이었다. 벡델 테스트를 통과하는 영화가 많지 않다는 사실에 분개하는 아이들이 꽤 있었다. 아이들은 내가 예상했던 것보다 훨씬 정의감이 넘쳤다. 자신들이 이제까지 봤던 영화를 통틀어 봐도 테스트를 통과하는 영화가 몇 안 된다는 점을 알게 된 한 아이는 "완전 심했다!!"며 분통을 터뜨렸다.

성평등 수업을 꼭 따로 시간을 빼서 기획하지 않고 수업 과제로 녹여낼 수 없을까 고민하던 차에, 5학년 1학기 사회 과목 4단원 경제성장에서 나타난 문제점의 해결 방안을 모색하는 차시에 사회 구조의 불평등을 느껴볼 수 있는 게임을 진행했다. 게임의 방법은 이렇다.

① 아이들 모두에게 바둑알을 세 알씩 나누어준다.
② 모둠별로 한 명씩 무작위로 뽑아 추가로 세 알을 더 준다. 이 사람만 총 여섯 알의 바둑알을 가진다.
③ 아이들은 각자 바둑알을 손에 들고 여기저기 돌아다니며 마주치는 친구와 게임을 한다. 게임은 대체로 운으로

승패가 결정되는 종목으로 한다. 가위바위보로 다리 찢기, 디비디비딥, 보리보리쌀 등이다.

④ 게임에서 이긴 사람이 상대방의 바둑알을 하나 가져올 수 있다.

이렇게 20여 분이 지나면 바둑알을 모두 빼앗기고 자리에 앉은 아이들이 너댓 명 나온다. 이때 게임을 멈추고 각자 손에 쥐고 있는 바둑알이 몇 개인지 세어보게 했다. 당연히 처음부터 여섯 알로 시작한 아이들 중에서 바둑알이 가장 많이 남은 최종 승자가 나온다. 바둑알을 세다 보면 이건 불공평한 게임이라며 아이들의 불만이 터져 나온다.

"불공평해요!"

내가 아이들에게 물었다. "왜 이 게임이 불공평하다고 느꼈니?"

"바둑알 개수가 다른데 무조건 똑같은 규칙으로 게임을 하는 건 공평하지 않아요."

"똑같은 규칙으로 한 번 더 게임 해도 바둑알 여섯 개로 시작한 아이들이 이길까?"

한 아이가 또박또박 자기 의견을 말했다.

"저는 바둑알이 세 개라 두 번만 져도 바둑알이 하나밖에 안 남으니까 그다음부터는 게임을 잘 못하겠어요. 여섯 개 받은 사람은 몇 번 져도 또 게임을 할 수 있잖아요. 그러니까 여섯 개 받은 애들이 유리하죠."

어렴풋하게 아이들은 '기회의 불균등'에 대해 느낀 듯했다. 나는 다시 한 번 물었다.

"우리 모두가 게임을 더 즐겁게 하려면 규칙을 어떻게 수정해야 할까? 만약 이 바둑알 게임이 우리 사회라면 바둑알은 뭘 의미할까? 우리가 바꾸고 싶은 게임의 규칙을 사회의 규칙이라고 한다면, 어떻게 바뀌어야 할까?"

질문과 함께 나누어준 학습지에 써 넣은 아이들의 대답은 내 예상보다 현실적이었다. 아이들은 바둑알은 곧 부모의 직업, 외모, 인종, 성별이라고 썼다. 그리고 타고난 것으로 결과가 결정되는 것이 공정하지 않다는 데까지 생각을 전개시키는 것을 볼 수 있었다. 아이들의 의견을 정리하면서 성별 임금 격차와 유리천장 개념을 덧붙여 설명했다.

국어 시간에도 틈을 엿봤다. 1학기 6단원은 '말이 미치는 영향'이 학습 주제다. 연놈, 암수에서는 여성을 뜻하는 단어가 먼저 오고, 남녀, 부부에서는 반대로 남성을 뜻하는 단어가 앞에 있는 이유가 무엇일지 토론했다. 이야기가 뻗어나가는 중에 여중생, 여고생, 여교수, 여교사처럼 여성만 따로 분리해 호명하는 문제를 지적하는 아이가 나왔다. 사회 교과서에 나오는 여성 캐릭터는 죄다 치마 차림이라는 점, 역사 교과서에서 신라의 선덕여왕이 아예 다뤄지지 않는 점에 대해서도 산발적으로 이야기를 나누었다. 나는 독립운동가를 주제로 한 2016년 크리스마스 실 열 장 가운데 여성

독립운동가는 유관순 열사 한 명뿐이라는 점을 상기시켜주었다. 아이들에게 친숙한 동요 「상어가족」을 개사하는 활동에서 '멋있는 아빠 상어'를 '자상한 아빠 상어'로, '어여쁜 엄마 상어'를 '유능한 엄마 상어'로 바꾸어 즐겁게 부르는 아이들을 생각하면 지금도 미소가 떠오른다.

그럼에도 불구하고 아이들은 종종 "니 에미"라는 말을 쓴 친구를 일러바치러 달려오기도 하고, 6학년 되기 전에 다이어트를 해야 예쁜 옷을 입을 수 있다며 급식을 남기기도 한다. 그렇다고 지금까지의 활동이 무의미했다고 생각하지 않는다.

복도에서 뛰면 안 된다고 마르고 닳도록 말해도 속도 조절이 안 되고, 삐딱하게 다리 꼬고 앉으면 선생님처럼 젊은 나이에 허리 병이 온다고 타일러도 5분도 채 안 지나 책상 위로 엎어지는 아이들. 하지만 이제는 나의 한마디가 의미 없다고 자조하지 않는다.

곰곰이 돌이켜보면 나도 페미니즘을 외치면서 모순된 행동을 할 때가 많았다. 어떻게 완벽할 수가 있을까. 부족함을 알고 치열하게 고민하면 더 나은 방향으로 갈 수 있다는 것을 아는 지금은 더 이상 수업이 부담스럽지 않다. 나는 여전히 부족하지만, 적어도 아이들이 학창 시절에 소수자 혐오에 대해, 성평등에 대해 단 한 번도 고민해보지 못하는 것보단 나을 것이라고 믿는다. 나와 아이들은 지금 함께 자라고 있는지도 모르겠다.

3장

학교가 페미니즘을
만났을 때

교사가 권력자라는 사실을 깨닫는 것

오늘쌤

정신을 차리고 보니 어느 날 교사가 되어 있었다. 물론 교사가 되기 위해서 노력하지 않았다는 뜻은 아니다. 교사가 되려고 수능을 쳤고 임용고시를 준비했다. 그러나 교사가 무엇을 하는지 채 알지 못하고 학교 현장에 발을 들였다. 요즘도 가끔은 내가 전혀 상상도 못 한 일을 하고 있다는 생각이 든다.

조금 뻔뻔하게 말해본다면 나는 본디 사람을 좋아하고 꽤 정의로운 편이다. 그래서 교대 재학 시절 나는 분명 멋진 교사가 되리라고 믿었다. 그리고 상상했다, 나의 교실을. 그곳에는 나를 빛나는 눈으로 바라보는 아이들이 있었다. 물론 방황하는 아이도 두엇 있지만 그것도 잠시, 곧 내가 구원해줄 것이었다. 그리고 단 한 명의 예외 없이 모든 아이에게 사랑과 존경을 받는 내가 있었다.

그곳은 평화롭고 행복한 배움의 공간이었다.

환상은 한 달이 지나지 않아 산산조각 났다. 교사로서의 삶은 하루하루가 혼란 그 자체였다. 우선은 재미있는 수업을 준비하는 일이 만만치가 않았다. 열두 살 아이들, 학습 수준도 관심사도 다르고, 수업에 임하는 자세도 나를 대하는 태도도 다른 아이들에게 어떻게든 주어진 내용을 가르쳐야 했다. 과목은 또 얼마나 많은지. 내가 가진 것이 얼마나 빈약한지를 뼈저리게 느꼈다. 내 안에 있던 밑천은 한 달이 채 안 돼 다 떨어져갔고 아이들에게도 그 사실을 들킬 것만 같았다. 매일 퇴근 시간을 훌쩍 넘기고, 출근 시간보다 한 시간씩 일찍 나갔는데도 수업 준비를 다 하지 못해 허덕였다.

하지만 수업보다 어려운 것이 있었으니, 바로 '민원 해결'이었다. 하루에 적어도 대여섯 명의 아이가 나를 찾아왔다. "선생님, 쟤가 별명 불렀어요"부터 "쟤가 자꾸 지우개 가루를 자리 사이에 버려요", "쉬는 시간에 ○○이가 실내화 신고 운동장에 나갔어요", "쟤가 새치기해요"까지. 우습게 들릴지 모르지만, 아이들에게는 중요한 문제였다. 작은 민원일 때 해결되지 않으면 불가해한 화학반응을 일으키며 완전히 다른 성격의 문제로 진화했다. 정말 미치고 팔짝 뛸 노릇이었다.

수많은 사건사고가 있었고, 좌절과 기쁨이 엉망으로 뒤엉킨 채 시간은 흘러갔다. 그렇게 교사로서 경력을 쌓아가던 도중에 페미니즘을 만나고 페미니스트가 되었다. 처음에는 내가 페미니스트인 것이 교실에까지 영향을 미치지 않을 것 같았다. 그러나

페미니즘은 내 삶을 바꾸었고, 교실에서의 나를 바꾸었으며, 변화는
교실로 이어졌다.

먼저 나는 단호해졌다. 나는 막연하게 정의를 좇으면서 살아왔다.
하지만 정의는 절대 불변의 어떤 것이 아니었다. 상황에 따라, 사람에
따라 달랐다. 완벽하게 옳은 것은 없고, 현재 상황에서 최선의
옳음을 선택해 나아가는 수밖에 없다는 것을 깨달았다. 페미니즘을
만나기 전에 나는 최선의 옳음을 선택하는 기준이 없었다. 그러다
보니 어떤 선택을 할 때 늘 갈팡질팡했다. 하지만 페미니즘을
공부하면서 선택의 기준이 명확해졌다. 나는 뜬구름 같았던 정의의
길목에서 수많은 사회의 소수자와 약자와 마주쳤다. 그리고 그들을
'타자'로 존재하도록 하는 억압의 언어와 논리와 구조를 알았다.
이제 나는 모든 사람이 있는 모습 그대로 존중받으며 사는 것이
가장 중요하다고 생각한다. 이를 방해하는 어떤 행위도 그냥 지나칠
수 없다. 무엇을 옳다고 말할 것인지, 왜 그런 것인지 알고 나니
아이들에게 무엇을, 왜 가르쳐야 하는지도 명확해졌다. 다른 사람의
외모에 대해 말하는 것, 상대방이 싫어하는 별명을 부르는 것, 같은
성별끼리도 타인의 동의 없이 신체를 접촉하는 것은 잘못이라고
말한다. 사소한 폭력은 없다고, 어떤 폭력도 결코 사소하지
않다고 말한다. 초등학생이라고 예외는 없는 것이다. 어쩌면 어린
아이들이기 때문에 더욱 정확하고 단호하게 말해줘야 하는지도
모른다.

그리고 나는 아이들이 나와 '같은' 인간임을 비로소 제대로 깨달았다. 페미니즘을 공부하면서 나는 '남자'의 입장이 너무나 궁금했다. 기득권자인 남자들 눈에 이 세계는 어떤 모습인지 알고 싶었다. 문득 아이들에게 교사가 바로 그 기득권자가 아닐까 하는 데 생각이 미쳤다.

교실에서 교사는 많은 권력을 쥐고 있다. 그러나 그 사실을 인식하지 못하는 경우가 부지기수다. '지도'와 '보호'를 명목으로 아이들을 지배하려고 한다. 반이 배정되고 아이들을 처음 만나는 3월에 기선을 제압해야 하니 절대 웃어주지 말고 작은 잘못을 크게 혼내야 한다는 '팁'이 공공연히 오간다. 우유를 다 먹지 않고 우유 상자에 지저분하게 넣어두면 하루 날을 잡아서 우유 상자를 엎어버리라는 '조언'도 같은 맥락이다. 또 교사 개인의 주관적인 기준으로 아이들을 쉽게 판단하고 평가한다. 수업이나 생활 지도가 잘되지 않았을 때 "요즘 애들은 진짜 이상해" 하고 아이들 문제로 일축한다. 아이들에게는 자신감 있게 행동하라고 가르치면서, 실제로 본인의 의견을 솔직하게 말한 아이에게 "버릇없다"고 지적한다. 그러면서 "아휴, 교실에서 무슨 말을 못 하겠어. 선생은 완전 을이야"라고 불평한다. 이 상황들에서 교사를 '남자'로, 아이를 '여자'로 바꾸어도 어색하지 않다.

물론, 단순하게 비교할 문제는 아니다. 교사와 학생의 관계는 가르치고 배우는 관계이고, 교사는 여러 면에서 아이를 보호해야 할 의무가 있다. 게다가 아이의 신체적·감정적 상태를 돌보는 책임 또한

교사 개인에게 주어진다. 그러나 피해갈 수 없는 사실은 아이들에게
교사는 권력을 가진 사람이라는 것이다. 교사가 이 점을 의식하지
않고 행동하면 아이들의 삶은 '보호'되는 것이 아니라 '침해'될
뿐이다. 그래서 나는 아이들 앞에 설 때, 늘 스스로를 돌아보고
조심한다. 내가 표정을 굳히고 조금만 목소리를 높여도 아이들이
긴장하기 때문이다. 아이들이 긴장하는 순간, 나는 다시 한 번 내
권력을 실감한다.

　　교사가 되기 전에 내가 상상했던 교실을 되돌아보면 내가
아이들을 얼마나 평면적이고 단순한 존재로 여겼는지 반성하게 된다.
내게 아이란 순수하고 밝은 존재였다. 대다수의 보호자와 교사,
아니 사회 전체가 아직 약하고 작고 아는 것이 적은 아이는 어른에게
의존해야 하며 항상 밝고 사랑스러운 모습을 잃지 말 것을 기대한다.
나 역시도 어린이를 차별적인 시선으로 바라보고 있었다.

여기까지 쓰고 보니 교사로서 내가 어땠는지 깨닫는다. 아이들
이야기에 귀 기울이고, 아이들에게 큰소리를 내지 않는다는
이유만으로 스스로를 좋은 교사라고 생각하던 나, 아이들이 내
생각과 다른 행동을 할 때 나의 지도 방식보다는 아이들을 탓했던
나, 교실에서 일어나는 아이들 사이의 폭력에 대해 단호하게
대처하지 못했던 나. 떠올리기 싫은 부끄러운 모습들이다. 지금의
나는 다르다. 교실에서 화가 났을 때, 나는 먼저 자신에게 물어본다.
'나는 왜 화가 났을까?'라고. 그 원인이 아이들에게 있다는 확신이

들면 다시 묻는다. '무엇이 잘못된 걸까? 어떻게 지도해야 할까?'
이때 가장 중요한 것은 교사라는 지위가 준 발언권을 내 감정을
드러내는 데에 사용하지 않는 것이다. 그 발언권은 아이들을
지도하기 위함이지 지배하기 위함이 아니기 때문이다. 아직
완벽하진 않지만, 나는 이제야 겨우 아이들과의 소통을 시작하고
있다는 생각이 든다.

그래서 교사라는 직업을 좀 더 편안하게 받아들이게 됐는지
묻는다면 아니라고 답해야겠다. 페미니스트 교사가 되고 아이들
말 하나, 행동 하나, 표정 하나, 생활 한 조각, 어쩌면 그들의 미래 한
조각까지 마음이 쓰인다. 자세히 보니 아이들을 더 깊이 사랑하게
된다. 사랑한다는 것이 얼마나 가혹한 일인지 교사가 되고서야
비로소 깨닫게 되었다. 사랑하게 되니 행복하게 해주고 싶고 웃게
해주고 싶다. 좋아하는 걸 해주고 싶다. 저마다 다른 아이들에게
각자에게 맞는 방식으로 사랑해주려니 버겁다. 해주고픈 게 얼마나
많은지. 배움의 즐거움도 알았으면 좋겠고, 세상을 사랑하는
방법도 전하고 싶고, 주변 사람들과 어울리는 법도 알려주고 싶다.
또 부당함을 직면했을 때 목소리를 내는 용기도 가르쳐주고 싶다.
가끔은 숨이 찬다. 부족함을 자책하고 좌절하는 순간이 계속되고
있다. 그렇지만 한 페미니스트 선생님의 말처럼 '이 아이가 인생에서
처음이자 마지막으로 페미니스트 교사를 만나고 있다는 심정으로'
아이들을 마주하고 살아간다.

불편함을 가르칩니다

솜

평화로운 오후, 긴 교직원 협의회가 끝나는 중이었다. 나의 평화를
깨뜨린 건 관리자(학교의 교감이나 교장)가 꺼낸 이야기였다.
내용인즉슨 요즘은 여자아이가 힘도 세고 똑똑해서 남자아이가
차별을 받는다는 남학생 보호자들의 하소연 아닌 하소연이 심심치
않다는 것이었다. 관리자는 "요즘 양성평등이 이슈인데…" 하며
대수롭지 않다는 듯 말을 이어나갔다. 하지만 나는 남자아이들이
차별을 받는다는 일부 보호자의 진단이 조금 의아하게 느껴졌다.
굳이 비교를 하자면 학교생활이나 수업 태도에서 좋은 평가를 받는
학생 중 여자아이가 많은 것은 사실이지만, 이것이 남자아이를
차별한 결과라고 할 수는 없다.
　　초등학교 3학년 사회 교육과정에서 제시하는 편견과 차별에

97

대한 정의를 보자. 편견은 "나와 다르고 익숙하지 않은 것에 대해 치우치게 생각하는 것", 차별은 "편견을 갖게 되면서 사람들을 구별하는 행동을 하게 되는 것"이다. 이 정의에 따르면 요즘 학교에 떠도는 '남학생 역차별'이라는 말 자체가 어불성설이다. 여학생들이 '여자'여서 높은 평가를 받는 것도 아니거니와 남학생들이 '남자'여서 낮은 평가의 대상이 되는 것은 더더욱 아니기 때문이다. '남자애 공부시켜 어디다 쓸 거야, 장가나 잘 가면 그만이지' 따위의 편견으로 남자아이의 학습 능력을 평가 절하하거나 성취를 무시하고 차별하는 교사는 없다.

머칠 후, 동료 교사들과 모여 다과 시간을 가졌다. 교사들이 모이면 대화의 80퍼센트는 아이들에 관한 이야기로 흘러간다. 한 선생님이 자기 반 아이들 이야기를 하면서 "우리 반은 여자애들도 이상해"라는 말을 했다. 가만히 들어보니 남자아이들이 짓궂고 장난기가 많아 힘든데, 여자아이들도 똑똑하고 야무지지 않다는 불평이었다. 친구들을 놀리고 장난을 많이 치는 남자아이에게는 '이상하다'는 꼬리표가 붙지 않는다. 다루기 힘들 때도 있지만 아이 자체를 '이상하다'고 평가하진 않는 것이다. 그런데 짓궂게 굴지도, 친구들을 괴롭히지도 않는데 빠릿빠릿하지 않고 조금 허술한 구석이 있는 여자아이는 '이상하다'고 평가한다. 차별받는 건 어느 쪽인가.

자기도 모르게 기대치가 내려가는 건 남자아이에게도 반갑지 않은 사실이다. '남자애들이 원래 그렇잖아' 하며 '깔고' 들어가는 어른들의 시선은 아이 개인에게 좋지 않은 영향을 줄 것이 뻔하다.

당연한 말이지만 잘못된 행동을 했을 때 '남자아이니까' 하고
넘어가면 아이는 더 나은 방향으로 성장할 가능성을 잃게 된다.
남학생 역차별을 말할 때 사람들은 '남자아이를 평가할 때는 좀 더
기준을 낮춰서 관대하게 봐줄 것'을 요청하는 듯하다. 남학생에게
관대한 그 시선이 아이가 스스로 성장할 기회를 빼앗는 것은
아닐까. 수업시간에 집중하지 않고 제멋대로 행동하는 아이가
남자아이라면 그냥 그러려니 해야 하는 것일까. 어쩌면 남자아이들이
받는다는 그 차별은 여자아이들에게 무의식적으로 더 높은
성취를 기대하고 꼼꼼하기를 강요하는 성차별적 교육의 결과이다.
그리고 여자아이들이 어떤 부분에서 우수한 것조차 못마땅하게
여기거나 대단히 칭찬할 만한 것으로 여기지 않는 현실은 무시하는
하소연이다.

아이들 대화를 듣고 있으면, 아이들 사이에서 '다름'이 거의
인정되지 않는다는 사실을 보게 된다. 나와 다른 의견에 대한
'부정', 그다음에는 '무시'가 이어지는 것이 다반사다. 교실에서 짧게
영화를 시청한 어느 날, 한 어린이가 "나 이 영화 봤는데, 엄청
재밌었어!"라고 말했는데 이에 다른 어린이가 제법 큰 목소리로
"이게 뭐가 재밌어? 난 별로야"라며 대꾸했다. 이제 초등학생인
아이들에게 잘 다듬어진 의견 교환을 원하는 건 아니지만, 서로
다른 것을 좋아할 수 있다는 사실을 못 받아들이는 것은 아닐까
내심 걱정이 앞섰다. 그리고 상대의 취향과 선호를 부정하거나

거부하는 말이 큰 상처가 될 수 있다는 것을 어떻게 가르쳐야 할지 고민스러웠다.

물론 '아직 어리다'는 핑계로 넘어갈 수 있을지도 모른다. 그런데 이런 사소해 보이는 말 한마디가 쌓여 혐오와 차별로 이어지는 법이다. 수업 자료 동영상 속 인물이나 캐릭터를 보면서 대놓고 "뚱뚱하다", "못생겼다", "보기 싫다"며 서슴없이 외모 평가 발언을 하는 아이들이 있다. 이미 자기 안에 입 밖으로 꺼내어 혐오표현을 해도 된다고 생각하는 외모 기준이 자리 잡은 것이다. '모두 다르게 생겼다'는 사실을 배우기 전에 인종 차별과 장애인 혐오를 먼저 배우고, 차마 듣고 있기 힘들 정도로 히죽거리며 소수자 비하 욕설을 쓴다. "그런 말을 쓰는 것이 옳은 일일까요?"라고 물으면 분명 아니라고 답할 것이다. 하지만 혐오 표현을 들었을 때 곧바로 "그 말은 잘못된 말이야"라고 하지는 않는다. 대신 함께 웃어버리는 편을 택한다. 어리기 때문에 자신이 하는 어떤 말과 행동이 그 자체로 차별이라는 것을 모를 수도 있다. 하지만 알고도 불편하고 싶지 않아서, 대세의 코드에서 벗어나고 싶지 않아서, 친구들과 웃고 싶어서 넘어가다 보면 어느 순간에는 그것이 왜 나쁘고 잘못인지조차 인식하지 않게 될 것이다. 의도하지 않았다고 나쁘지 않은 것은 아니다. 교사로서 나쁜 것을 나쁘다고 말해줘야 하는 이유이다.

나도 예전에는 그랬다. '좋은 게 좋은 거지'라고 생각했다. 하지만 페미니즘을 공부하면서 나는 매일 매 순간 불편함과 마주한다. 이제는 자칭 '프로 불편러'가 다 되었다. 함께 분노할 수 있는 사람들

속에서도 불편함을 직시하고 풀어나가기란 쉽지 않고, 혼자라면 더더욱 어렵다. 동료 교사들과 대화를 나누다 나 혼자 불편함을 느낄 때면 그래서 더 외로워진다. 아이들의 차별적 행동을 발견할 때면 그보다 더 큰 괴로움을 느낀다. 하지만 아이들과 함께 이야기를 나누고 불편함을 마주하면서 더디지만 확실하게 아이들이 변하는 모습을 볼 때 괴로움은 줄어든다.

나는 수업시간이나 생활지도 시간을 이용해 일상에서 겪은 작은 에피소드를 아이들에게 들려준다. 아이들은 교사의 개인적인 이야기를 좋아해서 "선생님이 잠깐 다른 이야기 해줄까요?" 하고 운을 떼면 달라진 눈빛으로 나를 쳐다본다. 그런 순간을 이용해 학교나 학교 밖에서 마주친 불편에 대해 이야기한다. 최근 아이들이 서로의 외모에 대해 이러쿵저러쿵 평을 하는 일이 부쩍 늘어난 터라 오랜만에 요가원에 다녀온 일화를 말해주었다. 몇 달 만에 나타난 나를 보고 요가 강사는 무척 반가워했고 나 역시 차분히 운동할 시간이 생겨 조금은 들뜬 마음으로 수련을 마쳤다. 수련이 끝나고 내게 다가온 요가 강사의 첫 마디는 "왜 이렇게 살이 많이 쪘어요?"였다. "못 알아볼 뻔"했다면서 말이다. 구연동화를 하듯 실감나게 이야기를 해주고는 아이들에게 "선생님 기분이 어땠을까요?" 하고 물었다. 아이들은 "속상하셨을 거 같아요", "기분이 나쁠 거 같아요", "저도 부모님한테 그런 말 들은 적 있어요" 등 다양하게 대답하며 나에게 공감해주고 자신의 경험을 친구들과 공유했다. 한참 이야기를 하고 "선생님은 왜 기분이 나빴을까요?"라고 질문을 바꿨다. 아이들은 또 제각각 자기만의 답을 내놓았다. 이때 서두르지 않고 기다리는 것이 중요하다. 내 마음속 정답을 말하기 전에 아이들 나름의 생각을 듣는 시간, 아이들끼리 각자의 의견을 두서없이 소란하게 주고받는 짧은 시간. 그 시간에 아이들은 보이지 않게 자란다고 믿는다. 떠들썩한 위로와 성토의 장이 끝날 때쯤 '바꿀 수 없는 것에 대해 평가하지 않고 차별적으로 말하지 않기'가 무엇이고 왜 그래야 하는지 정리했다. '차별'이라는 '불편한' 단어를 꺼내 발화하고 짚어주는 것 또한 '수업 속 수업'에서 중요한 지점이다.

　　모두가 같은 차별을 겪지 않는다. 그렇기 때문에 더더욱 각자가 느낀 불편함에 대해서 이야기하고 왜 불편했을지 서로의 입장에서 고민하는 시간이 필요하다. 한 번으로는 어림도 없다. 교사이기 때문에 더 그렇다. 교사가 차별적 상황이나 발언을 모르는 척하는 순간 아이들은 그것이 허용된다고 여기고 반복한다. 그러니 멈출 수 없는 것이다. 가끔은 끝나지 않을 것 같은 이 과정에 피곤을 느낀다. 그럼에도 꾸준히 공감하고 반성하는 시간을 가진다면, 아이들은 자신 또는 친구의 말과 행동을 한 번 더 살펴볼 테고 잘못된 부분을 스스로 고칠 수 있는 힘과 용기를 기를 수 있게 될 것이다. 차별에 민감하게 반응하는 것, 차별을 바로잡을 수 있는 힘을 길러주는 것이 교사와 교육의 몫이라고 생각한다.

점심을 먹고 잠시 모인 동료 교사들과 어쩌다 성차별에 관한
이야기를 나누게 되었다. "저는 여자라서 차별당한 적 없었어요.
요즘은 성차별 같은 건 없지 않아요?"라는 동료 교사의 반문에
'지금까지 내가 마주한 수많은 차별은 뭘까. 내가 예민한 걸까' 잠깐
생각했지만, 아니다. 예민한 게 아니라 불편함을 마주할 수 있는
용기가 있었던 것이고, 그래서 차별과 싸울 수 있었다. 나는 나와
함께 배우는 어린이들이 차별과 불편함에 민감해졌으면 좋겠다. 그
차별이 자신을 향하는 것이 아니라면 더 눈을 크게 뜨고 바라보면
좋겠다. '좋은 게 좋은 거야'라는 말을 들었을 때 과연 누구에게
좋은 것인지 곰곰이 생각해볼 수 있는 어른이 된다면, 위도나 경도,
곱셈과 나눗셈 그런 건 아무래도 좋다는 생각을 한다.

폭력을 이기는 사고

오수연

2017년 5월 인터넷 커뮤니티 일간베스트 저장소(일베) 사이트에
여자 초등학생을 성폭행하겠다는 글이 올라와 학교가 발칵 뒤집힌
적이 있다. "5월 18일에 ○○초등학교 등교 중인 초등학생 여자애를
끌고 가 성폭행하겠다", "죽어도 좋고 감옥에서 몇십 년 썩어도
상관없다"는 글에 해당 학교는 비상이 걸렸다. 보호자들에게는
학생들의 등하굣길 안전을 당부하는 가정통신문이 배부되었고,
경찰은 학교 주변 순찰을 강화했다. 그 주에 예정된 학교 행사는
모두 취소되었다. ○○초등학교뿐만 아니라 주변 지역에 있는
학교들까지 모두 불안에 떨었다. 내가 근무하는 학교에서도
등하굣길 유괴 및 납치 예방 가정통신문이 나갔고, 각 학급에서는
온갖 안전지도와 성폭력 예방 교육이 진행되었다. 수사 끝에 범인은

홍콩에 어학연수 차 나가 있는 18세 김 모 씨로 밝혀졌고, 소동은
일단락됐다.

　　그러나 내 마음속의 소동은 일단락되지 못했다. 사건이 있던
며칠 동안 신경이 곤두선 탓에 정신적 에너지 소모가 크기도 했지만,
그보다도 나를 힘들게 한 것은 무력감이었다. 같은 해 2월에도
같은 사이트에서 ○○예고 학생을 납치해 성폭행하겠다는 글이
올라와 학생들을 불안에 떨게 했다. 고작 3개월 만에 비슷한 사건이
터졌고, 앞으로 이런 사건이 없으리란 보장이 없었다. 이런 위협이
있을 때마다 학교의 교육 활동이 연기되거나 취소되고 구성원들은
불안에 떨어야 하는가. 교사로서 할 수 있는 것은 고작해야 성폭력
예방, 유괴 예방, 납치 예방, 미아 예방 등 각종 예방 교육이었는데,
가르치는 나부터가 이런 예방책들이 도움이 될 것이란 기대가
낮았다. 특히 성폭력 예방 교육이 그랬다.

　　현 성폭력 예방 교육은 대부분 피해자에 초점이 맞춰져 있다.
성폭력 예방 교육 하면 떠오르는 문장은 "안 돼요!", "싫어요!",
"도와주세요!"이다. 고학년 학생은 이 말을 교묘하게 비틀어 농담
따먹기에 사용한다. 아이들은 거부의 말이 범죄 상황에서 별
소용이 없다는 것을 알고 있다. 실제로 "안 돼요!", "싫어요!"라고
한들 가해자가 범죄 행위를 멈출 것 같지도 않거니와 피해자에게
저항의 부담을 지우는 이런 식의 교육은 분명 문제가 있다. 피해자가
거부 의사를 표현하지 못한 경우, 왜 싫다고 하지 않았는지 오히려
피해자에게 책임을 전가할 여지를 주기 때문이다. 누구와 함께

다녔는지, 어떤 시간대에 거리에 있었는지, 무엇을 입었는지 등
피해자가 스스로를 검열하게 하는 항목은 끝도 없다.

하지만 범죄 발생의 원인은 피해자에게 있지 않다. 2016년 5월에
일어난 강남역 살인사건은 개인이 아무리 조심해도 피해자가 될 수
있다는 사실을 보여주었고, 그래서 많은 사람이 절망하고 분노했다.
누구와 다녔든, 어떤 시간대에 어느 장소에 있었든, 무엇을 입었든,
범죄 발생의 원인은 가해자에게 있다. 그렇다면 지금 필요한 것은
'가해자 발생 예방 교육'이다.

가해자는 왜 생겨나는 것일까? "우리 아이는 그럴 아이가
아니에요." 대부분의 부모는 내 자식이 가해자가 될 것이라고는
추호도 생각지 않는다. 아무도 아이를 가해자로 키우겠다고
작정하지 않지만 피해자는 실재하고 당연히 가해자도 존재한다.
피해자가 될까 보호받던 아이들 중 누군가는 가해자가 되고,
쏟아지는 성범죄 뉴스에서 우리는 가해자 아동 및 청소년을 적지
않게 볼 수 있다.

2017년 6월 대전의 한 중학교에서 여성 교사 수업시간에 남학생
열한 명이 집단 자위를 하는 사건이 있었다. 조사 결과 이 학생들의
성적 행위는 이 사건을 포함해 다섯 건이나 되었다. 가해 학생들은
갓 초등학교를 벗어난 중학교 1학년이었다. 솔직히 당장 초등학교
고학년 교실만 가도 가해 사례는 널려 있다. "너 얼굴이 왜 그러냐?",
"살 쪘(빠졌)어?", "선생님 예뻐요", "으, 게이 같아" 등등. 학생이

인사치레 또는 농담으로 하는 말을 너무 예민하게 받아들이는 것
아니냐고? 글쎄, 오히려 그런 둔감함 때문에 가해자가 탄생하는 것은
아닐까?

　일련의 뉴스와 사건으로 시작된 가해자에 대한 나의 고민은
성폭력에서 범주를 넓혀 폭력으로 확장되었다. 학교에서도 크고 작은
폭력이 일어나기 때문에 생각은 꼬리에 꼬리를 물었다. 폭력은 왜
일어날까? 폭력 가해자는 왜 생겨나는 것일까? 개인적 원인으로는
충동적인 분노 조절 실패나 부족한 배려 능력을 들 수 있다. 폭력
행위에 대한 문제의식이 부족한 탓도 있겠다. 그렇다면 왜 분노
조절이나 배려 능력이 떨어지고, 폭력에 둔감한 개인이 만들어지는
것일까?

　대검찰청 주요 범죄별 기초통계 2016년 자료에 따르면 검거된
살인 범죄자의 50.1퍼센트가 범행 당시 정신 상태가 정상이었으며,
42.0퍼센트는 주취 상태, 7.9퍼센트만이 정신장애가 있는 것으로
나타났다. 13세 미만 아동 대상 성폭력 범죄자는 79.3퍼센트가
정상인 상태에서 범죄를 저질렀으며, 주취 상태에서 범죄를 저지른
경우는 12.5퍼센트, 8.1퍼센트는 정신장애를 가지고 있었다. 13~20세
청소년 대상 성폭력 범죄자 역시 범행 시 정신 상태가 정상인 비율이
68.5퍼센트에 달한다. 폭력 범죄자의 정신 상태가 정상인 비율이
높은 것을 볼 때, 폭력과 폭력 범죄자 발생 원인을 개인의 기질과 정서
문제로만 돌릴 수 없을 것 같다.

　결국, 문제는 구조다. '한 아이를 기르려면 온 마을이

필요하다'는 나이지리아의 속담. 뒤집어 말하면 한 마을은 마을의 온 아이에게 영향을 미친다는 의미가 된다. 그 어떤 부모도 아이를 가해자로 키우지 않지만, 폭력적인 사회구조와 문화는 어떤 형태로든 아이에게 영향을 주고 있다. "○○씨 오늘 예쁘다~ 누구 만나나 봐?", "못 본 사이에 살이 좀 쪘네"처럼 타인을 대상화하고 평가하는 발언은 인격을 무시하는 폭력이다. 그럼에도 우리는 이런 폭력이 만연한 대중매체와 관습적 덕담(?)들에 둘러싸여 있다. 이를 무비판적으로 수용하면 의식하지 못하는 사이에 개인의 인격은 배제되고, 상대에 대한 존중은 약화된다. 그리고 점점 분노를 조절하거나 상대를 배려할 필요를 느끼지 못하는 사회 분위기가 고착될 것이다. 현재 우리 사회는 폭력을 너무나 협소하게 정의하고 있고, 그 때문에 폭력 문제를 폭력으로 바라보지 못하고 있다. 그에 더해 각종 사회 분야의 양극화로 힘이 불균형하게 쏠리는 구조가 공고해지고 있고, 강한 쪽에서 약한 쪽에 행사하는 폭력이 묵인되면서 가해자 탄생에 도움을 주고 있다. 힘을 휘두르는 자는 부끄러움 없이 휘두르며, 당한 자는 당한 대로 울분에 차서 각종 폭력이 재생산되고 있다.

힘의 불균형은 젠더가 끼어들면 더 극대화된다. 우선 여성은 더 많이 대상화의 목표가 된다. 화장이 기본 예의이고, 목소리가 너무 커서는 안 되며, 마른 몸이지만 가슴과 골반은 커야 하는 등등. 수많은 '여자'의 조건 아래 여성은 신체 부위별로 평가 대상이 되고 걱정 어린 조언을 빙자한 인격 모독을 당한다. 폭력 범죄에도 여성은 더 많이 노출된다. 2016년 경찰청 범죄 통계에 따르면 강력범죄 피해자 2만 5765명 가운데 2만 2000명이 여성으로 약 85.4퍼센트에 달한다. 그뿐만 아니라 여성 피해자에게는 '왜 밤늦게 다녔냐', '너도 즐긴 것 아니냐'며 결백을 더욱 따지고, 우울하고 무기력한 모습의 '망가진 인생'을 요구한다. 정신적 고통으로 자살한 몰래카메라 피해자의 영상을 '유작'이라는 태그를 달아 유포하며 고인을 모욕하는, 한 사람의 죽음마저 포르노로 소비하는 비인간적 행태는 참담할 뿐이다.

여성은 소수자 중에서도 소수자다. 아동·청소년, 빈곤층, 장애인, 성소수자 등의 소수자 가운데서도 여성은 생존을 위해 더 큰 고통을 감내해야 한다. 여성 노숙인의 경우 폭행, 집단 성폭행에 항상 노출되어 있는데, 서울노숙인시설협회에 등록된 여성용 노숙인 일시 보호시설은 고작 30인 규모 딱 한 군데뿐이다. 여성 장애인 역시 성폭행의 위험이 높은데다 취업 현장에서 이중으로 차별받고 있으며, 여성 장애인 전문병원이 전국에 일곱 개뿐이어서 임신, 출산, 양육에 어려움을 겪고 있다.

내가 늘 함께 생활하는 아동·청소년의 경우는 어떤가. 다시 대검찰청 주요 범죄별 기초통계 2016년 자료를 보면 13세 미만 아동 성폭력 피해자의 86.3퍼센트가 여성 아동이며, 13~20세 청소년 피해자의 경우 94.9퍼센트로 여성 피해자 비율이 더 늘어난다. 반면 13세 미만 아동 대상 성폭력 범죄자의 97.9퍼센트가 남성인데, 그중 가장 높은 비율을 차지하는 연령대는 41~50대(20.5퍼센트)이며,

그다음이 18세 이하 소년 범죄자(18.0퍼센트)다. 피해자 연령이
13~20세 청소년이 되면 범죄자 연령 비율은 19~30세가
34.7퍼센트로 가장 많고, 18세 이하가 23.3퍼센트로 그 뒤를
잇는다. 같은 아동·청소년이라는 소수자 집단 내에서도 성별에 따라
누군가는 가해자가 되고, 누군가는 피해자가 된다.

피해자를 보호하는 울타리도 성별에 따라 다르게 적용된다.
2017년 11월, 교사가 초등 고학년 학생과 성관계를 하는 비슷한
사건이 둘 있었다. 하나는 사랑한다는 문자를 보내거나 만두를
사주겠다며 집 밖으로 불러내 남학생과 성관계를 한 여교사 사건.
또 다른 하나는 자신의 나이를 19세라고 속이고 SNS를 통해 만난
여학생과 성관계를 한 뒤 동의 없는 촬영을 한 남교사 사건이다.
남학생과 성관계를 한 여교사는 징역 5년을 선고받고 파면당했으며,
여학생과 성관계를 한 남교사는 징역 3년을 선고받았다. 만 13세
미만 미성년자 의제 강간이라는 비슷한 사건의 형량이 다른 것도
의문이지만 양형 이유를 살펴보면 의문은 더 깊어진다.
　　여교사에 대해서는 "만 13세 미만의 초등학생은 결코 육체적인
'사랑'의 대상이 될 수 없고 합의한 성관계라 하더라도 사실상 강간과
동일하다는 것을 피고인은 분명히 인식해야 한다"고 판시했다.
피고인 스스로 잘못을 인정했다지만 용서받기 힘든 죄이고, 재판부
역시 그에 따라 판결했다고 밝히며 아동·청소년 성폭력 범죄에
대해 엄중히 경고한다. 남교사에 대해서는 "자신을 19세라고

속이고 피해자에게 접근해 간음하고 그 과정에서 피해자의 동의도 받지 않은 채 신체를 촬영하고 피해자로부터 용서받지 못한 점을 고려할 때 사회적 비난 가능성이 매우 높다"고 판시했다. 이어 "다만 피고인이 불우한 가정환경 속에서 나름대로 성실히 살아왔고 아무런 범죄 전력이 없는 초범인 점 등을 유리한 정상으로 참작했다"고 양형 이유를 설명한다.

불우한 가정환경에 있다면 아동 성폭력을 저질러도 봐줄 수 있는 건가? 남교사는 범죄를 저지를 때 자신의 나이를 속였던 데다 수사기관과 법정에서 "동의하에 촬영했다, 피해자가 만 13세 미만인 줄 몰랐다"고 항변한 점에서 잘못을 반성하기는 한 건지 의문이 든다. 그런데도 재판부는 알아서 이런저런 상황을 들어 정상참작을 해주었다.

이 외에도 이해되지 않는 판결은 무수히 많다. 40대 연예기획사 대표가 중학생을 성폭행 및 임신시킨 사건에 대해 두 사람이 서로 '사랑'했다며 무죄 판결 나거나, 피해자가 떡볶이를 얻어먹고 숙박을 제공받은 자발적 성 매수자라는 이유로 경계성 지적 장애를 앓고 있는 13세 여아와 성관계를 한 25세 남성에게 손해배상 책임이 없다는 판결이 내려졌다(2심에서는 판결을 뒤집어 원고 일부 승소 판결을 내리기는 했다.) 5~6세 어린이집 여자 원생들에게 유사 성행위를 시키고 이를 촬영한 어린이집 남교사에게 징역 8년을 선고하며 피고인이 소아성애증 등으로 인해 의사결정 능력이 다소 미약했던 것으로 보이고 나이가 많지 않아 성행(性行) 개선의 여지가 있어 양형에 참작했다는 판결도 있다. 소아성애증이 아동·청소년 성폭력 범죄에 대한 변명이 될 수 있다니!

　　아동·청소년 성폭력에 대한 형량이 가볍다는 것도 심각한 문제지만 그 안에서 성차가 생긴다는 것이 또 다른 문제다. 통계에서 살펴봤듯이 아동·청소년 성폭력 범죄 가해자는 남성이 압도적으로 많고 피해자는 여성이 압도적으로 많다. 그럼에도 남성 범죄자일수록 판결이 가볍다. 피해 아동에게 선물을 하거나, 사랑한다고 하거나, 소아성애증이 있으면 무죄를 받거나 형량을 덜 수 있다. 아동·청소년이라면 무조건 보장되어야 하는 보호의 울타리는 여성 아동·청소년에게는 좁고 약하고 허술하게 제공되고 있다.

불평등한 구조 속에서 여성은 약자이지만 이에 대해 지원을 받기도 어려워 약자의 위치를 벗어나지 못하는 악순환에 빠진다. 힘의 피라미드 가장 아래에 놓이는 이가 누구든지 간에 결국 성별은 여성이다. 폭력은 아래로 아래로 흘러 이 피라미드 최하층에 위치한 여성에게 해일처럼 밀어닥친다. "Woman is the nigger of the world"(여자는 이 세상의 검둥이)라는 존 레논의 노래가 사무치는 이유다.

　　남자는 가해자고 여자는 피해자라는 이야기를 하고 싶은 것이 아니다. 가해자와 피해자 성비를 50대 50으로 만들자는 소리도 아니다. 폭력적 구조가 변하지 않는 한 폭력을 예방하는 교육에는 한계가 있다는 것이다. 폭력의 원인이 불균형한 구조에 있다면, 그

구조를 바꿔야 한다. 필요한 것은 부당한 구조를 인식하고, 뒤집어 생각하고, 바꿀 힘이다. 나도 모르는 사이에 가해자가 되거나 나도 모르는 사이에 피해자가 되지 않기 위해서. 스스로를 보호하고 주체적인 삶을 살기 위해서. 이 지점에서 우리에게 필요한 교육이 바로 페미니즘 교육이다.

페미니즘 교육은 인권 교육이자 민주시민 교육이다. 나를 포함한 한 사람 한 사람이 소중함을 이해하고 서로 다른 우리를 존중하도록 하는 교육이다. 분명 페미니즘은 성차별주의와 그에 따른 착취와 억압을 해소하자는 데에서 출발했다. 그래서인지 페미니즘은 오직 여성 권익만을 위한 사상으로, 페미니즘 교육은 여성만을 위한 반쪽짜리 교육으로 오해를 받는다. 그러나 소수자 속에서도 억압받는 소수자인 여성의 관점에서 인권을 바라보기에 페미니즘은 다양한 사회적 차별에 더욱 민감할 수 있다. 억압받는 소수를 향한 페미니즘은 강자와 약자, 권력을 가진 자와 그렇지 못한 자로 나뉜 사회를 다시 보게 한다. 언뜻 당연해 보이는 구조와 시스템에 대해 비판적으로 사고하게 하고, 이에 대해 고민하고 여러 당사자와 대화하게 한다. 다양한 문제에 관심을 두고 해결에 참여와 연대를 하게 한다. 페미니즘 교육은 여성을 포함한 모든 인간을 향하고, 모든 인간을 위한다.

이는 2015 개정 국가교육과정 총론에 제시된 교육과정이 추구하는 인간상과도 맞닿아 있다. 아이들은 내가 속한 사회를 다양한 관점에서 뜯어보는 과정에서 자신의 위치와 역할을 생각하는

과정을 통해 '자주적인 사람'이 될 것이다. 익숙한 사회 구조를
비판적으로 인식하며 새로운 사회를 상상하는 '창의적인 사람'이 될
것이고, 작은 목소리에도 귀 기울이며 연대하는 실천을 통해 '공동체
의식을 지닌 사람'이 될 것이다. 차별에 반대하고 타인을 존중하는
법을 이해하면서 다원적 가치를 추구하는 '교양 있는 사람'이 될
것이다. 인권 감수성이 풍부한 동료 시민, 민주적 미래 인간을
길러내기 위해서 페미니즘은 필요하다.

　민주시민 교육이니 인권이니 하는 것들도 처음부터 당연했던
것은 아니다. 대한민국 헌법에는 "모든 국민은 인간으로서의 존엄과
가치를 가지며, 행복을 추구할 권리를 가진다. 국가는 개인이 가지는
불가침의 기본적 인권을 확인하고 이를 보장할 의무를 진다"라고
명시되어 있으나 인권과 이를 지키기 위한 여러 민주적 움직임이
보장된 지는 그리 오래되지 않았다. 일제강점기를 벗어나서도
군정이나 권위주의 정권 아래서 인권은 억압당하고 민주시민적
사고를 교육받을 기회는 박탈당해왔다. 그러나 민주화를 위한 여러
노력 끝에 문민정부가 들어섰고, 아직 갈 길이 멀기는 하지만 적어도
이제는 민주주의와 인권 보장이 당연하게 요구되는 사회에 살고
있다.

　페미니즘 교육이 걷게 될 길도 이와 비슷할 것이다. 민주주의와
인권 교육이 억압받았던 것처럼 페미니즘 교육도 박해받고 있다.
페미니즘 교육에 반대하는 시위를 하고 초등 과정에 도입하는
것은 시기상조라느니 이데올로기의 주입이라느니 하는 말이 많다.

태어나면서부터 주입되는 성차별을 비롯한 각종 차별적 사고, 강자와 약자를 가르는 폭력적 사고는 괜찮고 페미니즘은 왜 안 괜찮은 것인지 모르겠다. 교육은 모든 인간을 향해야 한다. 교육 대상이 모든 인간이어야 하며, 교육의 결과도 모든 인간을 생각해야 한다. 페미니즘 교육은 결국 승리할 것이다. 폭력 없는 세상, 인간이라면 누구나 행복한 세상을 위해, 오늘도 학교에는 페미니즘 교육이, 페미니즘 수업이, 페미니즘 생활지도가 필요하다.

페미니즘 교육이
정말 남자아이에게 불리할까

서한솔

수학여행의 꽃이라고 하면 역시 장기자랑이다. 학년 친구들 모두가
모인 자리에서 자신의 재주를 뽐낼 수 있고, 음향이나 조명도
화려하니 아이들 입장에선 학창 시절에 경험할 수 있는 가장 큰
무대다. 그런데 여러 번 장기자랑 무대를 운영하다 보니 성별에
따라 무대 내용이 상당히 달라진다는 것을 발견했다. 남학생들은
그야말로 별 다른 계획 없이 무대에 오른다. 동선이 꼬이는 건 사고
축에 끼지도 못한다. 친구들은 무대가 재밌어서라기보다 중간
중간 들리는 "야! 마이크 이리 달라고!" 따위의 방송사고가 우스워
웃음을 터트린다. 하지만 무대에 선 아이들은 크게 속상해하지도
않고 나름의 무대를 마친다. 어설프지만 즐거워 보인다.

　여학생들의 무대는 완전히 다르다. 의상을 맞춰 입고, 음악을

편집하고, 몇 번이나 리허설을 거쳐 대형까지 완벽하게 정리한
상태로 무대에 올라 걸그룹의 춤 동작을 똑같이 따라한다. 표정은
굳어 있고, 실수를 한 친구는 같이 한 친구들에게 미안해하며 무척
속상해한다. 따라서 아무나 무대에 오를 수 없다. 춤 실력이나 인기,
미모 중 하나라도 가지고 있어야 겨우 무대에 오를 자격이 생긴다.
춤을 추는 표정은 긴장 그 자체이고 끝나고 나서야 겨우 안도의
웃음을 터트린다.

　　어느 한쪽이 좋고 나쁘다는 것이 아니다. 그러나 거의 매해
반복되는 이런 장면을 보며 이상하다는 생각이 들었다. 대체 왜
여자아이는, 자신이 주인공이 되어서 즐길 수 있는 무대에서조차
완벽한 모습이 아니면 안 된다고 여기는 걸까.

얼마 전 페미니즘 교육의 필요성에 대해 이야기하다가 학교는
그래도 여자아이에게 유리한 곳 아니냐는 질문을 받았다. 한 살
터울의 남매를 키우고 있는데 딸은 줄도 잘 서고 숙제도 잘하고
눈치 빠르게 행동해 칭찬을 받는 반면, 아들은 장난이 심하고
떠들고 눈치 없이 행동해 늘 꾸중을 듣는다는 이야기였다.
초등학교고 유치원이고 여 선생님이 많다 보니 가뜩이나
남자아이를 잘 이해하지 못하는데, 이런 상황에서 페미니즘
교육까지 하면 남자아이는 그야말로 학교에서 기가 죽을 수밖에
없을 것 같다는 걱정에는 몇몇 사람도 동감의 뜻을 내비쳤다.
　　거꾸로 묻고 싶다. 대체 왜 여학생은, 실수를 하고 그 과정에서

새로운 것을 익히기 위해 존재하는 학교라는 울타리 안에서조차
완벽하려고 노력할까. 칭찬해줄 권력을 가진 이의 기분을 살피고, 그
사람에게 도움을 주기 위한 행동을 하고는 '나 잘했죠? 이런 나를
사랑하지요?'라고 직간접적인 확인을 받으려 애쓰는 아이는 왜
대부분 여자아이일까.

　　잡무가 많은 교사라는 직업의 특성상 알아서 칠판지우개를
털어주고 복사를 맡아 해주는 여자아이들에게 도움을 받을 때가
한두 번이 아니었다. 하지만 다시 생각해보면 이들의 도움을 받아
아낀 시간을 나는 문제를 일으키는 장난꾸러기들을 지도하는 데
활용하곤 했고 그 아이들은 대부분 남자아이였다.

학교는 성평등한 공간이라고 단언하는 이들이 있다. 아니 오히려
여자아이에게 '유리한' 공간이라고 지적하는 이들마저 있다. 확실히
학교는 남의 눈치를 살피고 조용히 앉아 참을성 있게 다른 사람의
말을 듣는 데 능한 이들에게 유리하다. 그리고 여성은 아이 때부터
타인의 기분을 살피며 자기 의견을 말하기보다 묵묵히 누군가의
말을 경청할 것을 더 강력하게 요구받는다. 그것이 '여자다운'
일이고 그래야 인정받기 때문이다. 그러나 여기서 '유리하다'는 것은
그저 꾸중을 듣지 않는다는 의미일 뿐 정말 더 많은 것을 경험하고
배운다는 뜻은 아니다.

　　아이들과 국어시간을 이용해 TV 속 여성에게 요구되는
완벽함에 대한 이야기를 한 적이 있다. 걸그룹, 아나운서, 배우까지

TV에 등장하는 여성의 모습은 늘 완벽하다. 그나마 '망가지는 역할'을 맡는 것이 개그우먼인데 이들이 다른 사람들에게 어떻게 대우받는지를 말해보라고 하자 많은 아이가 자신이 보았던 미디어 속 '완벽하지 않은 여성'에 대한 이야기를 꺼냈다. "뚱뚱하고 외모가 별로라고 아무렇지도 않게 놀려요", "좋아하는 남자 연예인을 개그우먼이 장난스럽게 말하면 막 징그러워하고 주변에서 그 남자가 불쌍하다고 해요", "걸그룹이 나올 줄 알았는데 개그우먼이 왔다고 남자 MC들이 대놓고 한숨을 쉬었어요".

아이들도 이미 알고 있다. 완벽하지 않은 여성이 나서서 하는 발언과 웃긴 행동은 그저 웃음을 주는 것으로 끝나지 않으며 그 사람 자체에 대한 무시와 멸시로 이어지고 동시에 '그런 행동을 하고 그런 외모를 가진 사람은 여자가 아닌' 것으로 여겨진다는 사실을. 이런 환경에서 자란 여자아이가 수학여행 무대에서 완벽한 모습이 아니면 무대에 오르지 않으려 하고, 얌전히 자리에 앉아 고분고분하게 행동하는 '여성스러운 아이'가 되기 위해 노력하는 건 너무나도 당연한 일이 아닐까.

성평등 교육을 시작한 이후엔 학기 초에 꼭 이런 이야기를 나누고 멋진 기타 솔로가 나오는 가요를 틀어놓고 신나게 머리를 흔들며 막춤을 추는 여성 교사의 모습을 보여준다(다름 아닌 바로 나다). 어느 학년이건 예외 없이 흥이 많은 몇몇 남학생이 이 춤판에 함께한다. 초등학교 2학년을 맡았을 때에는 이 흥겨운 춤판에 여학생들이 합류하기까지 정확히 두 달이 걸렸다. 5학년은 끝내 한 명의 여자아이도 합류하지 않았다. 하지만 가장 인상 깊은 수업을 조사하는 학기말 설문지에는 언제나 이 이야기가 오르곤 했다. 여자아이들이 쓴 수업 소감이었다.

페미니즘 교육은 남자아이의 기를 죽이기 위한 교육이 아니다. 여자다운 것과 남자다운 것은 존재하지 않으며 성별과 상관없이 아이들이 자기 자신으로 살아갈 수 있도록 하는 교육이다. 페미니즘 교육은 남자아이의 기를 죽이기 위한 교육이 아니다. 그렇다고 여자아이의 기를 살려주기 위한 교육이냐고 묻는다면 되묻는 수밖에 없겠다. 학교에서조차 무대에 올라 실수하는 것을 두려워할 정도로 완벽해야 한다는 압박을 느끼는 아이들에게 지금 너희에게 가해지는 무언의 억압은 잘못되었다고 말하는 것이 과연 '기를 살려주는' 것일까?

그럼에도 페미니즘이 여자아이에게 더 도움이 되는 것은 사실이고, 이를 인정한다면 페미니즘 교육은 교사가 마땅히 지켜야 할 중립과 공평의 원칙을 위반하는 행위라는 '충고'를 들은 적도 있다. 이런 사고의 문제는 여자아이에게 기대하는 어떠한 관습적 미덕과 가치가 교실 안에서 아이의 행동과 생각의 폭을 좁히고 있는 현실을 인정하지 않고 있다는 점이다.

심지어 여자다운 것과 남자다운 것은 존재하지 않으며 성별과 상관없이 아이들이 자기 자신으로 생활할 수 있게 해야 한다고 떠들어왔던 나조차 성평등 수업을 통해 여자아이는 좀 더

121

'활달'해지고, 남자아이는 좀 더 '조용'해지지 않을까 기대했던 것은 사실이다. 페미니즘 교육, 성평등 교육을 한다고 해놓고 성별에 따른 각기 다른 기질적 변화를 기대했다는 것 자체가 성차별적 생각을 했다는 증거다. 내가 은연중에 바랐던 것들이 아이들의 행동에 영향을 끼쳤으리라고 생각하니 그저 미안한 마음이다.

　페미니즘 교육을 실천한 결과는 단순했다. 아이들은 그저 아이들다워졌다. 어떤 남자아이는 공놀이 대신 공기놀이를 택했고 어떤 여자아이는 공기놀이 대신 공놀이를 택했다. 그대로 공놀이를 하고, 공기놀이를 하는 아이도 많았다. 하지만 적어도 친구의 어떤 선택에 대해 성별을 이유로 놀리지는 않는다. 나는 모든 아이가 자기다움을 좀 더 행복하게 받아들일 수 있게 만들어주는 곳이 교실이어야 한다고 믿는다. 그리고 그것은 페미니즘을 통해서만 가능할 것이다.

학교에 페미니즘이 필요한 이유

솔리

상담이나 강연 등으로 보호자들과 만날 때면, '남자아이 부모는 억울하다'는 푸념을 종종 듣는다. 요즘 여자아이들이 괄괄해서 남자아이들을 퍽퍽 때리고 다니는데, 우리 아이는 남자라는 이유로 맞고만 있어야 하고, 어쩌다 반격이라도 할라치면 여자아이를 때렸다고 일방적으로 혼난다는 하소연이다. 실제로 학교에서 선생님은 물론 아이들도 "너는 남자애가 돼서 여자를 때리냐?"라고 말하는 것을 종종 들을 수 있다.

그렇다면 이것은 '여성 상위 시대', '역차별'의 증거일까? 물론 그렇지 않다. '남자가 여자를 때리면 안 된다'라는 말은 여자는 약하고 남자는 강하다는 생각, 남자가 여자를 보호해야 한다는 생각에서 나온 것이다. 그러므로 이런 말 자체가 매우 차별적이다.

그렇다면 우리는 "너는 남자애가 돼서 여자를 때리냐?"라는 말 대신 무슨 말을 해야 할까? "남자가 됐든 여자가 됐든 사람이 사람을 때리면 안 돼." 처음보다는 훨씬 낫다. 그러나 여전히 이 말만으로는 친근감의 표현 또는 가벼운 장난이라는 이름으로 흔히 허용되는 폭력의 문제를 제대로 짚어내지 못한다.

"남자든 여자든 때리면 안 돼"에서 더 나아가, "성별에 관계없이 상대방의 동의 없는 신체 접촉은 폭력이다"라고 말해야 한다. 아이들에게 이 이야기를 반복해서 들려주다 보면, 툭툭 건드리며 장난이라고 능치는 친구에게 아이들 스스로가 분명하게 말할 수 있게 된다. "내가 싫다는데 자꾸 건드리는 것은 폭력이야"라고.

남자나 여자나 똑같이 해야 한다고 강조하는 것으로는 충분치 않다. 그저 막연하게 옳은 말, 하나마나한 말의 집합은 교육이 아니다. 뚜렷한 관점을 가지고 구체적이고 분명한 언어를 사용해서 말할 수 있어야 한다. "성별에 관계없이 상대방의 동의 없는 신체 접촉은 폭력이다", 우리가 이러한 언어를 사용할 수 있게 된 것은 페미니즘의 성과이다. 페미니즘에 대한 고민과 이해는 교육에 대한 바른 관점을 정립하는 첫걸음이다.

흔히 사실과 진실은 같지 않다는 말을 한다. 사실이 아닌 것에서 진실을 이끌어낼 수 없다는 것은 자명하지만, 그렇다고 사실이 진실을 보장하지도 않는다. 어떤 사실의 집합을 이야기하고 이야기하지 않느냐에 따라 그 사실들이 조명하는 현실은 전혀 다른 그림을 보여준다.

　초등학교 교사의 쉬는 시간은 으레 이런저런 다툼으로 교사를 찾아온 아이들과 대화를 나누는 것으로 시작해서 끝난다. 이 아이는 저 아이가 자기를 놀렸다고 씩씩대고, 저 아이는 이 아이가 가만히 있는 자기를 밀쳤다고 울먹인다. 두 아이 모두 사실을 말하고 있지만, 두 아이 중 어느 한 아이의 말만 들었을 때 그려지는 상황은 전혀 다른 모습이다.

　국정 역사교과서 논란도 좋은 예이다. 국정 역사교과서 현장 검토본 및 실험본이 공개되었을 때 수많은 비판이 쏟아졌다. 비판 중에는 사실의 오류에 대한 지적도 있었지만, 부적절한 서술이나 편향 서술에 대한 지적도 많았다. 어떤 용어를 사용했는지, 무엇을 기술하고 무엇을 기술하지 않았는지, 무엇을 강조했는지, 특정 사건의 의미 중 어떤 측면에 주목했는지에 따라 역사는 전혀 다른 모습이 된다.

　그렇다면 특정 사실들의 집합이 보여주는 현실의 모습과 그와 다른 사실들의 집합이 보여주는 현실의 모습들 중 진실은 어디에 있는가? 서로 다른 신념을 가진 사람들은 저마다 자신이 보는 현실의 모습이야말로 진실이라고 늘 주장한다. 그렇다면 우리는 이 현실의 모습이 저 현실의 모습보다 더 진실하다는 것을 어떻게 알 수 있는가?

　페미니즘은 바로 이 쳇바퀴에서 우리를 벗어나게 해주는 해방구이다. 페미니즘은 기존의 진실과 대비되는 새로운 진실을 주장하지 않는다. 페미니즘은 단 하나의 진실이 존재한다는 생각

자체에 문제를 제기한다.

　가부장제가 여성에 대한 차별을 합리화할 때, 페미니즘은 차별이 합리적이지 못함을 밝히는 데 그치지 않고 합리성의 기준과 정의를 질문한다. 남성성이 여성성보다 우월하다는 사회 규범에 대해 페미니즘은 여성성이 남성성보다 우월하다고 주장하기보다는 여성성과 남성성의 존재 여부에 의문을 던진다.

　모든 지식은 부분적이고 상황적이다. 중학교에서는 −4의 제곱근은 존재하지 않는다고 배우지만, 고등학교에서는 −4의 제곱근은 $2i$라고 배운다. 우리는 인종, 성별, 장애, 신념 등을 근거로 사람을 차별해서는 안 된다는 것을 절대적인 명제로 받아들이지만, 인류가 인권이라는 개념을 가지게 된 것은 길게 잡아도 채 300년이 되지 않았다. 뿐만 아니라 인권의 범주에 포함되는 권리의 목록은 앞으로도 계속 변화할 것이다.

　우리는 우리가 경험한 것과 이미 알고 있는 것에 의존해서만 새로운 것을 이해할 수 있다. 그 누구도 주관을 완벽하게 배제할 수는 없다. 이러한 인간의 인식과 지식의 한계 속에서, 자신이 합리적이고 객관적이라고 믿는 것은 착각이고 오만일 뿐만 아니라, 스스로를 돌아보지 못하게 만드는 함정이기도 하다. 단 하나의 진리가 지배하는 세상이 아니라 다양한 진리들이 경합하는 세상을 살아가는 오늘날의 우리 아이들에게, 페미니즘이 열어주는 폭넓고 유연한 관점은 꼭 필요하다.

초등성평등연구회를 통해 페미니즘 교육의 방향을 고민하고 다양한
수업자료를 개발해 알리다 보면, 연구회의 활동에 문제를 제기하는
사람들을 만난다. '오늘날은 여성상위 시대이다'라거나 '페미니즘은
피해의식이다'라는 식의 억지 주장을 하는 사람이 있는가 하면,
그보다는 자신의 반감을 좀 더 잘 포장해서 내놓는 사람도 있다.
'교사가 페미니즘을 가르치는 것은 너무 정치적이다'는 식의
언설이다.

　　이런 사람들은 '차별은 나빠요', '모두 평등해요' 수준의 당연해서
하나마나한 교육으로도 성 편견을 극복하고 현실의 불평등을 개선할
수 있다고 주장한다. 이미 교육 과정과 교과서에 양성평등 관련
내용이 들어 있으므로, 교육의 정치 중립을 위해 교사는 그것만
가르치면 충분하고 오직 그것만 가르쳐야 한다는 것이다. 그러나
페미니즘이 정치적이라면, 우리 삶의 모든 것은 정치적이다.

　　정치에는 협의의 정치와 광의의 정치가 있다. 협의의 정치는
국가의 통치권을 획득하고 행사하는 행위를 일컫는다. 의회제
민주주의가 실시되는 현대국가에서 이는 곧 정당정치와 직결된다.
페미니즘은 더불어민주당인가, 자유한국당인가, 바른미래당인가,
정의당인가? 물론 그 무엇도 아니다. 그렇다면 '페미니즘은 교육의
정치 중립을 위반한다'라는 언설에서의 정치가 협의의 정치를
가리키는 것은 아닐 것이다.

　　광의의 정치는 여러 명이 모인 집단에서 의사결정을 하는 과정
그 자체를 일컫는다. 사람들이 모여서 무언가를 함께 한다면, 정치는

페미니즘 교육, 더 나은 삶을 향하여

반드시 발생한다. 점심에 무엇을 먹을지 다수결로 정하거나 사다리를 타는 일조차도 정치에 속한다. 그렇다면 우리 삶의 장면 중에서 학교만큼 정치적인 장소가 또 있을까.

　학교에서는 한 명의 교사와 수십 명의 학생이 좁은 교실 공간 안에 모여 교육이라는 유목적적 활동을 한다. 그 안에서는 학생과 학생 간에, 교사와 학생 간에 가치관의 충돌과 의견의 조정과 권력을 향한 경합이 끊임없이 일어난다. 수업 시간에 질문을 주고받는 일, 모둠 활동을 하며 생각을 모으는 일, 쉬는 시간에 누구와 무엇을 할 것인지 정하는 일, 학급의 규칙을 세우고 지키거나 위반하고 집행하는 일들은 민주주의의 방식으로도, 무정부주의의 방식으로도, 법치주의 방식으로도, 독재의 방식으로도 일어날 수 있다. 교사는 수업 시간에 학생들이 조용하고 차분한 분위기 속에서 집중을 하고 다른 친구들을 방해하지 않는 것이 중요하다고 말할 수도 있고, 활발하게 의사소통을 하며 즐겁게 공부를 하는 것이 중요하다고 말할 수도 있다. 교사가 학생들에게 질서를 강조할 것인지 자유를 강조할 것인지 하는 질문은 고도로 정치적이며, 교사가 어떤 답을 선택하는지는 학생들의 의식과 무의식에 큰 영향을 미친다.

　맞다. 페미니즘은 정치적이다. 남자 번호는 1번부터 여자 번호는 51번부터 시작하는 것이 공정하지 않으니 가나다순으로 번호를 정하자고 주장하는 일, 남학생에게는 무거운 짐을 드는 역할을 맡기고 여학생에게는 꼼꼼함이 필요한 역할을 맡기는 것은 편견에 기반하고 있으니 역할을 골고루 배정하기 위해 의식적으로 노력해야 한다고 주장하는 일은 지극히 정치적인 행위이다.

　교사가 교실은 정치적으로 중립적이라고 믿으며 자신의 말과
행위의 정치적 함의를 성찰하지 않는 것이 좋은 교육일 수 없다. 좋은
교육을 하기 위해서는 오히려 교사가 더 치열하게 정치적이어야 한다.
우리가 중립적이라고 믿는 모든 규범과 행위 속의 정치적 의미를
더욱 면밀히 탐구하고 밝히며 무엇이 더 정의로운 것인지를 부단히
고민해야만 한다. 페미니즘적 시선에서 학교를 해석하는 것은 그
첫걸음이다.

페미니스트 교사여서 행복하다

이신애

내가 페미니스트임을 선언한 이후로 친구들은 종종 내 안부를
묻는다. 아마도 연일 보도되는 페미니스트 교사에 대한 기사 때문일
것이다. 친구들과 모이면 백이면 백 나의 안위가 대화 주제에 오른다.
주변의 우려와는 달리 나는 생각보다 안전하고 행복하게 살고 있다.
2017년 한 해 동안 여러 언론 매체와 인터뷰를 하며 질문을 받을
때마다 그들이 예상하는 나의 삶과 실제 나의 삶의 간극이 크다는
점을 설명해야 했다. 늘 페미니스트 교사는 박해받고 민원에 시달릴
것을 전제로 한 질문을 가장 먼저 받았다. 초등성평등연구회 일로
만나는 사람마다 "선생님들 많이 힘드시죠?"가 첫 질문이었다.
하기야 기사마다 달리는 댓글 중에 '평등 이야기할 거면 군대나
가라'가 가장 온화한 댓글이니 그렇게 보일지도 모르겠다. '밖에서

보기에 우리가 많이 힘들어 보이나?' 싶지만 정말로 나는 아무런 공격도 받지 않는 삶을 살고 있었다. 하지만 일어나지 않은 일들에 대한 걱정이 나를 작아지게 만들었다. 내가 하는 일에 대해 자세히 이야기하면 나를 부담스러워하지 않을까 자꾸 물러나게 되었다. 어느 순간부터 나는 친한 선생님들이 인터뷰 기사를 봤다며 연구회 활동에 대해 물어 올 때 "아, 뭐 그냥 인권교육 관련된 거죠…" 하며 화제를 돌렸다.

정말로 페미니스트 교사인 나의 삶이 힘든가? 성평등 수업 연구회에 참여하기 이전의 삶과 비교하며 돌아봤다. 교대 4년을 다니는 내내 상상했던 것과 너무나 다른 교직 생활에 환멸을 느낄 때쯤 연구회에 발을 들였다. 그때의 나는 끝없는 행정 업무를 핑계로 수업 연구에 소홀했고, 매일 이어지는 야근이 괴로워 출근길 버스에서 눈물을 쏟은 게 여러 번이었다. 아이들은 내 뜻대로 따라주지 않았고, 이러다 '그저 그런' 교사가 되는 것은 아닐까 두렵고 우울했다.

　　연구회 참여는 확실히 내 교직 생활의 터닝 포인트였다. 조직적인 민원이 쏟아진 적은 물론 없고, 외압에 시달린 적도 없다. 수업 자료로 쓸 수 있는 텍스트가 풍부해졌고, 생활지도를 할 때는 외려 도움이 되었다. 교사가 되기 전부터 관심 있었던 주제를 가지고 수업 연구를 하니 재미있기도 했다. 연구회 이름을 달고 인터뷰를 하는 것은 내가 하고 싶은 이야기를 여러 사람에게 전할 수 있어서 좋았다. 제작한 수업자료를 들고 교사 연수를 다니며 교육 전문가로 인정받을 수 있어 신났다. 그러니까 아무 일도 없다고 하기보다는 이전보다 훨씬 더 행복한 일상을 보내고 있다는 것이 더 정확하다.

언론이 비추는 교실과 실제의 교실에는 큰 차이가 있다. 특히나 교사가 보호자이자 '대법관'으로 자리를 지키고 있는 초등학교 교실에서 아이들이 쉴 새 없이 혐오 발언을 내뱉지는 않는다. 가해자가 어느 날 피해자가 되기도 하고, 피해자가 다시금 가해자가 되기도 하는 곳이 교실이다. 가해 학생 역시 어른들이 만들어놓은 사회 분위기를 좇느라 바빴을 뿐이다. 어쩌면 이들도 엄벌에 처해야 하는 가해자가 아닌 바른 길로 돌려놓아야 하는 피해자로 인식해야 한다.

사람들이 예상하는 것보다 내 삶은 편안하고 행복하다고 굳이 말하는 것이 좋을지에 대해 오래 고민했다. 나의 안전과 행복을 말하는 것이 다른 페미니스트의 불안을 폄하하는 것이 되지 않을까 걱정되었다. 그럼에도 불구하고 행복한 페미니스트가 있다는 것을 사람들이 알았으면 좋겠다. 교실에 페미니즘을 가져오는 것은 교사인 나뿐만 아니라 아이들 생활에도 행복을 선사한다. 남자답게 또는 여자답게 행동해야 한다는 강박을 깨뜨리기 위해 여러 가지 수업을 시도했고, 아이들은 고정관념이 깨지니 훨씬 좋다며 화답했다.

성차라는 것은 없다고도, 있다고도 단언할 수 없다고 생각한다. 타고난 성차가 있다면 어느 정도로 강력한지에 대해 논하는 것은 교실 밖의 영역이고, 내가 교실에서 아이들과 말하고자 하는 것은 성차의 유무에 대한 찬반토론이 아니다. 성차가 있다고 전제하고 강요하는 것이 아이들의 행복에 도움이 되는지를 고민하는 것이 내 역할이다. 교실에는 얌전하고 섬세한 남자아이가 있고, 장난기 많고 운동을 좋아하는 여자아이가 있다. 물론 섬세하면서 운동을 좋아하는 아이도 있다. 성 고정관념이 강할수록 아이들은 말과 행동의 제약을 크게 받는다. 말 그대로 운신의 폭이, 표현의 자유가 엄청나게 줄어드는 것이다. 그런 교실이 정말 행복한 교실일까? 최소한 내가 있는 교실에서만큼은 아이들이 사회적으로 만들어진 성차의 압박으로 힘들지 않아야 한다고 생각한다. 교실 안의 모두를 보호하고 이끌어야 하는 교사는 더더욱 이런 고정관념에서 자유로워야만 한다.

　　누군가의 외모를 칭찬하는 것조차 타인에 대한 일방적인 '평가'라는 사실을 배운 아이들은 친구의 외모에 대해 언급하는 것을 매우 조심스러워 한다. 다양한 미의 기준에 대해 생각하고, 나의 칭찬이 누군가에게 족쇄와 강박이 될 수 있다는 내용으로 토론하며 아이들은 행복과 불행 중 어디에 가까워졌을까? 약자 혐오를 일삼는 유튜브 채널을 신고하고 좋은 콘텐츠가 많은 채널을 추천하는 활동과 교과서의 구태의연하고 '촌스러운'(아이들 표현이다) '학급누리집에 선플 달기' 활동 중 아이들의 흥미를 끌고 실효성 있는 결과를 이끌어내는 것은 어떤 활동일까? '맘충', '○○녀'와 같은 표현에 문제를 제기하는 아이와 그렇지 않은 아이 중 어떤 아이의

인권 감수성이 더 높을까? 이 모두가 내가 교육 활동에 페미니즘을
적용한 뒤부터 해왔던 활동 내용들이다.

페미니즘을 공부하고 생활에 녹여내면서 가장 용기가 필요했던
순간은 아버지에게 내 활동에 대해 말하는 것이었다. 60년대에
태어나 한국 사회를 살아온 아버지가 과연 나를 지지해줄지, 혹시
내게 소중한 사람인 아버지에게 실망하게 되지는 않을지 걱정이
앞섰다.
　　처음 말을 꺼냈을 때 요즘은 남자도 힘들다고 대꾸하는
아버지에게 아주 이골이 난다는 듯 빈정거렸던 나는 이제 정상가족
신화의 해악과 미투 운동에 대해 아바지와 진지하게 이야기를
나눈다. 그러기까지 어지간히도 많이 부딪혔고, 나는 좀 더 부드럽게
표현하는 방법을 찾았다. 아버지는 내 강의를 직접 들으러 오시기도
했다. 지금의 아버지는 비만 여성이 밤길 안전을 걱정하는 것을
개그 코드로 삼는 방송에 분노하는 50대 남성이 되었고, 최근에는
미혼모자 시설 돕기 전시에 그림을 걸고 오셨다. 내가 페미니스트이자
교사로서 내가 할 수 있는 페미니즘을 내 삶에서 풀어냈듯, 화가인
아버지도 본인의 삶에 나름의 방식으로 페미니즘을 그려냈다.
아버지는 내가 사람은 변할 수 있다고 믿게 해주었다.
　　내가 아주 운이 좋은 편이라는 것을 알고 있다. 어쩌면 눈치
없는 자랑처럼 보일 수 있겠지 싶다. 누군가는 이런 당연한 일에
감동받는 것의 부조리에 지적할 수도 있고 그 말 역시 맞는 말이라고

생각한다. 하지만 나는 가능성을 믿는 사람이어야 한다. 한 교실을 끌고 가야 할 교사인 나는 긍정적인 변화에 대한 가능성을 믿어야만 한다. 변화할 수 있음의 근거가 되는 사람들을 만나왔고, 나 스스로 그 근거가 되기 위해 노력하고 있다.

여전히 '앰창', '니에미' 같은 단어를 입에 올리는 아이들의 대화에 속상했다. 페미니즘 그냥 남자가 싫다는 얘기 아니냐고 화내던 애인의 말에 상처받았고, 인터뷰 기사 댓글의 90퍼센트를 차지하는 혐오표현에 답답했다. 이 모든 것들 사이에서 나 혼자 발버둥치는 건 아닌지 우울하던 때에도 지치지는 않았던 이유를 생각하면 부모님에게 감사하지 않을 수가 없다.

페미니스트 교사가 되기 이전과 현재를 비교하면 지금이 훨씬 더 행복하다. 교실의 페미니즘으로 행복해지는 사람이 더 많아질 것을 확신한다. 페미니스트 교사라는 것이 어떤 특이한 이력처럼 받아들여지지 않기를 바란다. 박해받고, 특이한 교사라는 인식이 가득한 사회에서 교사가 선뜻 페미니즘을 교실로 가져올 수 있을지 생각해보면 더더욱 그렇다. 무지한 보호자와 여혐에 물든 남자아이들로 가득 찬 교실에서 고통받는 페미니스트 교사와 여학생만으로 학교 현장을 예상하지 않았으면 한다. 교실은 그렇게 양분되지 않는다. 수업이 행복한 교사와, 스스로 평등을 이야기하는 아이들과, 동시대를 살아가는 시민으로서, 여성으로서 지지를 보내주는 어머니들이 있다는 것을 많은 이들이 알았으면 좋겠다.

"페미니스트 교사로 활동하면서 가장 힘든 일은
무엇인가요?"라는 질문에 나는 "다른 힘든 건 별로 없고요.
일할 사람이 부족한 게 힘들어요"라고 대답한다. 그만큼 더 많은
선생님들의 참여가 필요하다. 학생들이 더 많은 페미니스트 교사와
만나며 학창 시절을 보내길 바라본다.

페미니스트 교사여서 행복하다

함께 읽어요

정말 우리가 같을까
『여자와 남자는 같아요』

버지니아

아이들은 의외로 사회적 이슈나 문제에 대하여 이야기하는 것을
무척이나 좋아한다. 내가 한마디를 꺼내기가 무섭게 아이들은 "저
그거 어디서 봤는데!"부터 시작해서 "저는 근데 그건 좀 아니라고
생각해요" 등의 이야기를 쏟아낸다. 그러면 나는 아이들에게 좀
더 다양한 문제를 던져주고 싶은 욕심이 생긴다. 성평등 이슈에
대해서는 어떻게 생각하는지, 정치적 이슈에 대해서는 어떻게
생각하는지 말이다. 너무 깊이 있는 접근을 하면 오히려 역효과가
날 수 있으니 좀 더 쉽게 접근할 수는 없을까 고민했던 그때, 우연히
『여자와 남자는 같아요』를 발견했다.
　알고 보니 나이가 꽤 있는 책이었다. 이 책은 1970년대 후반,
스페인의 독재자 프랑코가 사망한 지 몇 년 지나지 않은 시기에

출간되었고, 한국에는 2017년에 소개되었다. 40여 년 전에 출간된 책이기 때문에 분명히 뒤떨어진 부분도 있지만 여전히 의미 있는 메시지를 전달해준다.

초록 빛깔, 손에 쏙 들어오는 사이즈, 그리고 표지에 한 여성과 남성이 그려진 동화책이 놓여 있다. 그런데 자세히 살펴보니 뭔가 좀 이상하다. 빨간 넥타이에 맵시 있는 수트를 입은 여성과 발랄한 도트 패턴의 원피스에 빨간색 구두를 신고 있는 남성이 손을 잡고 있다. 의미심장한 표지다. 딱딱한 표지를 한 겹 넘기니 1살부터 100살까지의 '여자의 일생'이 등장한다. 자연스레 맨 뒤페이지를 넘겨보게 된다. 남자의 일생이 등장할 테니까.

　　여자의 일생과 남자의 일생을 번갈아 보면서 내 눈에 가장 먼저 띈 것은 빨간 립스틱이었다. 여자의 일생에서 20대 여성은 립스틱을 바르기 시작하는데, 이것이 70대까지 쭉 이어진다. 성인으로 접어들어 나이를 먹은 후에도 끝없이 꾸미기 노동을 해야 하는 여성의 현실을 대변하는 것일까. 그림 속 여성은 30대에 출산을 하는데 아이를 품에 안고 육아에 전념하는 사람은 40대 남성이다. 낯설면서도 꽤 고무적인 '남자의 일생'이 아닌가. 하지만 일생을 마친 여성과 남성의 무덤 속 유품들은 여전히 어떤 틀에서 벗어나지 못했다. 여자의 유품은 립스틱, 스타킹, 하이힐, 액세서리 따위이고, 남자의 유품은 담배, 넥타이, 시계 등으로 표현되었다. 유품이란 삶에서 의미 있었던 물건인데, 립스틱, 스타킹, 하이힐보다는 가족사진이나, 일기장, 평소 좋아했던 와인이 차라리 적절하지 않았을까. 2015년에 새로 그린 많은 메시지를 담고 있고 아이들과 함께 비판적으로 사유하기 딱 알맞은 소재들로 가득하다. 삽화들을 하나하나 뜯어보면 더 의미 있게 이 책을 읽을 수 있을 것이다.

현재 초등학교 4학년 2학기 사회 교과서에는 '성역할의 변화와 양성평등 사회'라는 단원이 있다. 교과서에서는 이렇게 말한다.

"옛날에는 남자와 여자의 역할이 엄격하게 구분되었지만 오늘날은 그렇지 않습니다."

성차별은 과거의 일이며, 현재에는 더는 존재하지 않는다고 단언하고 있다. 하지만 정말 그런가. 교과서에 등장하는 사진처럼 남녀가 함께 집안일을 하는 오늘날의 모습만 보면 그런 것도 같다. 하지만 인식과는 별개로 여전히 대부분의 여성이 남성보다 훨씬 더 집안일을 많이 한다는 사실을 수많은 통계가 증명하는데, 정말로 더 이상 차별이 존재하지 않는다고 말할 수 있을까.

『여자와 남자는 같아요』는 '오늘날은 그렇지 않다'는 교과서의 말을 정반대로 뒤집는다.

"남자는 여자보다 중요해 보여요. 여자는 남자보다 중요하지 않아 보여요."

그리고 아이들을 조심스레 설득하기 시작한다. 우리는 '여자와 남자가 모두 동등해야 한다'고 말하지만 실상은 그렇지 않다고, 우리는 성별에 따라 다른 방식으로 자라며 그것이 삶에 어떤 영향을 끼치는지 이야기해준다. 국가, 사회, 가정, 더 나아가 개인적 영역에서조차 여성은 남성의 지배를 받고 있으며 이는 잘못되었음을 명확히 짚어준다. 그리고 성적 고정관념에 구애받지 않은 자유로운 옷차림과 소품을 착용한 다양한 몸매의 여성과 남성이 한데 어우러져 이렇게 이야기하며 마무리한다. 진부하고 당연한 말이지만 가야 할 길이 먼, 그 말.

"여자와 남자는 성이 다를 뿐 똑같은 존재니까요."

『여자와 남자는 같아요』는 성역할과 성차별에 대해 다양한 생각할 거리를 제공한다. 먼저 큰 틀에서 질문을 던진 뒤 다양한 사례를 제시함으로써 사실은 여자와 남자의 관계가 평등하지 않다는 사실을 간접적으로 일러준다. 상당히 날카로운 지적도 있었다. 아빠와 엄마 중 누가 여러분의 공부에 더 신경 쓰고 있으며, 왜 그런지 생각해보라는 질문이었는데 선뜻 대답하기 어려웠던 기억이 난다. 단순히 더 많은 시간 돌봄 노동을 하는 것을 넘어서서 아이들의 삶에 '나'의 삶을 투영하게 되는 것은 주로 남성이 아닌 여성에 의해 이루어지는데, 부끄럽지만 내가 그것 또한 성차별이라고 의식해본 적이 없었기 때문일 것이다.

저학년, 고학년 할 것 없이 아이들은 선생님이 동화책을 읽어주는 것을 무척이나 좋아한다. 더 많이 더 자주 아이들에게 동화책을 읽어주면 좋으련만 그러기가 참 쉽지 않다. 적어도 내가 읽어주는 동화책은 성평등한 동화책이길 바라지만, 책의 주제와

내용이 마음에 들다가도 너무나 투명하게 성차별적 내용과 삽화가
등장하면 이걸 읽어줘야 할지 말아야 할지 막막해진다. 하지만
시간이 흘러 정말 언젠가는 어떤 동화책을 집어도 아이들에게 마음
편히 읽어줄 수 있는 때가 올 수도 있지 않을까. 그런 날이 어서
찾아오기를 오늘도 간절히 바란다.

과학자를 꿈꾸는 여자아이를 응원하는 법
『과학자 에이다의 대단한 말썽』

오수연

아이를 키우는 사람이라면 모두 내 아이의 꿈이 이루어지기를
바란다. 꿈을 이루려면 우선 꿈을 꾸어야 한다. 그렇다면 아이의
꿈은 어떻게 키워주어야 할까?

이 어렵고 까다로운 질문에 답해주는 사람들이 있으니 바로
'위인'들이다. 아인슈타인, 스티브 잡스, 김연아 같은 과거의 그리고
지금의 '위인'들은 아이가 재능 있고 관심 가는 분야를 찾아가는
여정에 안내인이자 롤모델로 소환된다. 기왕이면 내 아이가 훌륭한
성취를 이룬 인물의 생각과 인생을 배웠으면 하는 부모의 마음은
비슷해서 학령기 아이를 둔 집에는 으레 위인전집이 있다. 어릴
적 우리 집도 예외는 아니었고, 덕분에 저학년 때의 나는 국내외
위인전집에 푹 빠져 있었다.

문제는 위인전집을 따라가다 보면 한쪽으로 치우친 꿈을
꾼다는 것이다. 위기 속에서 용기를 발휘하고, 공동체를 지키고, 멋진
이론이나 발명품을 만들어내는 이야기의 주인공은 대부분 남자였다.
간간이 존재했던 대체로 바르고 순종적이거나 돌봄의 이미지가
강한 여성 인물들에 비해 남성 인물들은 진지하고 책임감 있는
모습부터 장난기 많은 말썽꾸러기거나, 때로는 무모해 보이기까지
하는 등등 그 유형도 가지각색이었다. 어린 내가 빠져든 위인은
대부분 훨씬 매력적으로 그려지는 남자였다. 제한된 모습으로
등장하는 여성들에게는 그다지 공감하지 못했고, 나는 자연스럽게
남성의 시각에서 꿈꾸는 법을 학습했다. 내 무의식에는 '멋진
사람=남성'이라는 그릇된 공식이 새겨졌다.
　　이후 '멋진 사람=남성'이라는 생각을 '멋진 사람=멋진
사람'이라는 생각으로 바꾸기까지는 정말 많은 시간과 에너지가
필요했다. 여전히 나는 나의 꿈과 직업, 삶의 태도에 엉겨 붙어
있는 성 편견을 떼어내기 위해 의식적으로 노력해야 한다. 최근의
위인전집은 예전보다 사정이 나아졌다고는 하지만 여전히 여성
위인 비율은 평균 20퍼센트에 그친다. 지금의 아이들은 과거와 달리
공평한 롤모델을 가져야 하지 않을까? 자신의 정체성을 부정하지
않으며 꿈을 꾸어야 하지 않을까?

격자무늬 배경에 가득 찬 알 수 없는 그림과 수식. 그 한가운데에는
보안경을 쓴 여자아이가 연필을 들고 서 있다. 여자아이의 발밑으로

'과학자 에이다의 대단한 말썽'이라는 제목이 눈에 들어온다. 그 옆에는 여자아이의 오빠로 보이는 남자아이가 '얘 좀 보세요'하는 표정으로 여자아이를 가리키고 있다. 과학자를 장래희망으로 적어내는 주인공은 언제나 똘똘이 안경을 쓴 남자아이였으니 꽤 낯선 이미지이다.

주인공 에이다 마리는 세 살이 되도록 말을 하지 못했다. 대신 들리는 모든 것과 보이는 모든 것을 쫓아다니고 관찰했다. 에이다의 부모는 늦된 에이다를 가만히 지켜볼 뿐 채근하지 않는다. 그러다 말문이 트인 날부터 에이다는 질문을 쏟아내고, 각종 실험으로 집과 학교를 난장판으로 만든다. 에이다의 끝없는 호기심은 때때로 부모의 인내심을 시험하지만, 에이다는 결코 멈추지 않는다.

이 이야기에서 에이다의 성별은 전혀 중요한 이슈가 아니다. 책 속 어른 중 누구도 에이다에게 '대체 여자애가 왜 이렇게 말썽이니' 하고 핀잔주지 않는다. 그런 뉘앙스조차 풍기지 않는다. 같은 질문을 반복하고, 세상의 비밀에 호기심을 느끼고, 이것저것 건드리고 망가뜨리며 자기만의 답을 찾아가는 것은 모든 아이에게 허락된 길이다. 성별에 따라 허용되거나 금지되는 행동은 따로 없다.

이 책은 아이들이 자연스럽게 롤모델을 탐구할 수 있도록 유도한다. 온 가족이 에이다의 궁금증을 풀기 위해 고민하는 장면을 자세히 살펴보면 여성 과학자들의 책이 숨은그림찾기처럼 꽂혀 있거나 널브러져 있다. 주인공 '에이다 마리'의 이름이 된 수학자이자 최초의 컴퓨터 프로그래머 에이다 러브레이스와 폴로늄과 라듐을

발견한 마리 퀴리를 비롯해 제인 구달, 레이첼 카슨 등의 이름을
아이들에게 알려줄 기회다. 이들이 어떤 인물인지 함께 찾아보면
수학자, 화학자, 동물학자, 생물학자라는 직업과도 만날 수 있다.
아이의 흥미 분야에 맞춰 '예술가 ○○○의 엄청난 낙서', '요리사
○○○의 놀라운 수프' 등으로 이야기 바꿔 보기를 하며 롤모델을
찾아 나서는 모험을 함께해도 즐거울 것이다.

　　『과학자 에이다의 대단한 말썽』은 과학적 사고의 핵심을
짚어준다. 가설을 세우고 실험을 통해 증명하는 것부터 자신의
질문에 스스로 답해보려고 하는 주도적인 자세까지. 하지만
교사로서 무엇보다 인상 깊은 부분은 에이다 부모의 태도다.
에이다의 엄마아빠는 보호자이자 교육자로서 아이와 마주하는 법을
행동으로 보여준다. 에이다와 에이다 오빠에게 성 고정관념에 기댄
잣대를 들이밀지 않을 뿐 아니라 아이가 자라나는 속도를 존중하고
그대로 믿어준다. "너는 다 알아낼 수 있을 거야"에서 "우리는 다
알아낼 수 있을 거야"로 은근슬쩍 바뀌는 주어에서는 '아이와
함께'라는 정서적 지지를 발견할 수 있다. 아이가 진정 좋아하는
것, 궁금해하는 것, 흥미로워하는 것을 자세히 관찰하고 부모가
대신해줄 수는 없는 인생을 아이 스스로가 선택할 수 있게 곁에서
도와준다. 교육은 어른이 원하는 모습을 아이에게 주입하는 것이
아니라 아이가 가진 힘을 있는 그대로 믿어주는 데에서 출발함을
다시 떠올리게 한다.

『과학자 에이다의 대단한 말썽』은 누구나 꿈을 꾸고, 그 꿈을
이루는 주인공이 될 수 있다고 말한다. 그 과정에서 어려움과
실패가 있더라도 함께라면 계속 앞으로 나아갈 수 있다고 읽는 이를
응원한다. 이 한 권이 롤모델의 성비를 맞춰주리라고는 기대하지
않는다. 하지만 적어도 롤모델의 성비에 대해, 여자아이를 위한
롤모델 제시에 대해 고민해보는 계기는 되어줄 것이다. 아이의 꿈을
마주하는 교사와 부모의 역할에 대한 롤모델이 되는 책이기도 하다.

돼지를 찾으러 가자
『돼지책』

김은혜

책표지를 보여주면 저학년 아이들은 늘 그렇듯 왁자지껄해진다. "나저 책 봤어", "우리 집에 있어", "도서관에서 본 적 있어". 종알종알 이야기하는 아이들에게 오늘은 돼지를 찾으러 가는 날이라고 말했다. 책을 이미 읽은 몇몇 아이는 저 책에 돼지가 많다고 아는 척하면서 으쓱댄다. "돼지를 찾는대!", "돼지래 돼지!" 하며 아이들은 깔깔거리며 책의 이야기를 기대한다.

1. 세 사람을 업은 엄마

아이들에게 책 표지를 자세히 보여준다. 굳은 표정의 엄마가 아빠와 두 아들까지 세 명을 업고 있다. 아빠와 아들은 환하게 미소 짓고 있다. "와, 여자가 남자 셋을 업었어! 대박!" 신기해하는 아이들에게 물어본다.

"엄마 표정이 어때요?"
"화난 거 같아요!"
"아빠와 아이들의 표정은 어때요?"
"되게 신나 보여요!"
"왜 그럴까요?"

아이들은 곰곰이 생각하기 시작한다. "셋을 업어서 그래요!",
"아빠랑 아들들이 속 썩여서 그래요!" 다양한 대답이 쏟아진다.
아이들의 호기심을 받으며 책을 읽어주기 시작한다. 예쁜 집 앞
멋진 정원에 피콧 씨와 사이먼과 패트릭이 행복한 표정으로 서 있다.
엄마는 집 안에 있다. 세 사람은 날마다 예쁜 색깔로 가득 채워진
집에서 엄마에게 밥을 차려달라고 소리치고는 '중요한' 회사와
학교로 휑하니 가버린다.

2. 노란색의 엄마

다음 장에 드디어 엄마가 나온다. 엄마가 나오는 장면에서 갑자기
화면의 색깔이 바뀐다. 전체적으로 희미한 노란색으로 물들어 있다.
머리카락으로 얼굴을 가리고 고개를 숙인 엄마는 얼굴 표정이
보이지 않는다. 이름조차 소개되지 않는 엄마는 아무 말 없이
설거지를 하고, 침대를 정리하고, 집 청소를 다 한 뒤에 일을 하러

간다.

"엄마가 나오는 장면은 무슨 색깔이죠?"
"노란색이요!"
"왜 그럴까요?"
"엄마는 일을 너무 많이 해서 피곤해서요!"

아이들은 벌써 엄마가 피곤하다는 걸 알아챈다. 노란 화면 속의
엄마가 아마도 일을 하느라 거실에 없을 동안 피곳 씨와 사이먼과
패트릭은 아주 깨끗한 거실에서 예쁜 소파에 앉아 TV를 본다.

3. 집에 나타난 돼지

여느 때와 같이 사이먼과 패트릭이 '중요한' 학교를 마치고 집으로
돌아왔다. 그런데 엄마가 없다. 그 대신 집 문고리와 콘센트에
돼지가 나타났다. 아이들이 신기해하며 돼지를 찾기 시작한다.
"문에 돼지가 있다!","저기 전기 꽂는 곳도 돼지 코야!"
　　　중요한 회사에서 돌아온 피곳 씨는 아내가 없자
어리둥절해한다. 엄마가 없는 집에는 돼지들이 나타나기 시작하고
아이들은 즐거워하며 돼지를 찾기 시작한다. 돼지는 곳곳에 숨어
있다. 집안의 소품 곳곳에, 난로 곳곳에 숨어 있다.

4. 사라진 엄마

엄마가 사라졌다. 쪽지 한 장만 달랑 남기고. 남겨진 쪽지에는
이렇게 써 있다. '너희들은 돼지야.'

"왜 엄마는 피콧 씨와 사이먼과 패트릭을 돼지라고 했을까요?"
"집에 와서 먹기만 해서요."
"청소를 안 해서요."

아이들은 피콧 씨와 사이먼과 패트릭보다 영리했다. 금세 엄마의
쪽지가 뭘 의미하는지 눈치 챈다. 하지만 책 속의 세 명은 이미 늦은
듯하다. 쪽지를 쥔 피콧 씨의 손마저 이미 돼지로 변해버렸다.

5. 점점 궁지에 몰리는 돼지들

이제 피콧 씨와 사이먼과 패트릭은 밥을 먹기 위해서 직접 요리를
해야 했다. 세 마리 돼지는 부엌 바닥을 더럽히고 음식을 다
태워먹으며 오랜 시간을 쏟아 끔찍한 요리를 만들었다.

책을 보는 아이들은 더 신이 나서 곳곳의 돼지들을 찾기
시작한다. "달도 돼지야!", "숲속 나무도 돼지 모양이야!" 돼지를 찾는
아이들에게 물어본다.

"여러분은 이런 식탁에서 음식을 먹고 싶어요?"

아이들은 질색하며 싫어한다. 그렇게 좋아하는 치킨이라도
저런 식탁이라면 먹지 않겠다고 한다. 이제 싱크대 안의 냄비
손잡이에마저 돼지 코가 달렸다. 지저분한 접시들이 마구 쌓인
것을 본 아이들이 고개를 절레절레 흔든다. 집뿐만 아니라 돼지들도
지저분해진다. 세 마리 돼지들의 옷에는 음식 얼룩이 묻어
더러워졌다.

> "여러분, 옷을 날마다 안 빨면 어떻게 될까요?"
> "병에 걸려요."
> "기분이 나빠요."
> "옷을 못 입어요!"

아이들은 저마다 왁자하게 대답한다. 아마 아이들은 늘 집에서
깨끗하게 옷을 빨아주는 엄마(의 역할을 하는 누군가)가 있어서
지저분한 옷을 입지 않아도 된다는 사실에 고마움을 느껴본 적이
거의 없을 것이다. 아직 어린 아이들에게 옷을 빨고 널고 정리하는
것의 수고로움을 이해시키기는 어렵다. 재미가 없으면 아이들은
흥미를 잃어버리기 때문이다. 제대로 들으라고 이야기하다 보면
잔소리가 된다. 지저분한 돼지들의 옷은 집안일의 수고로움과
중요함을 건드려준다. 집안에서 누군가가 그 일을 담당하고 있다는
것, 그리고 그 일을 하지 않으면 자신의 생활이 엉망이 된다는 것을
보여주기 때문이다.

6. 돌아온 엄마와 돼지가 사라진 집

거실의 벽지까지 얼룩이 묻고 더 이상 먹을 것이 없어지자 세 돼지들은 온 집 안을 뒤지기 시작한다. 책 속의 돼지 찾기는 이제 최고조에 이른다. 아이들은 곳곳에서 돼지를 찾다가도 지저분한 집을 보며 한소리씩 한다. 그때 문을 열고 엄마가 돌아온다. 피콧 씨와 사이먼, 패트릭 돼지들은 엄마에게 제발 돌아와 달라고 쿵쿵대며 애원한다. 그들은 이제 다시 깨끗한 집에서 맛있는 음식을 먹을 수 있을까?

다행히 집이 깨끗해지고 세 마리 돼지는 다시 사람이 되었다. 맛있는 음식도 생겼다. 피콧 씨와 사이먼, 패트릭이 함께 집안일을 했기 때문이다. 중요한 변신은 엄마에게도 일어났다. 엄마는 드디어 노란 화면을 탈출해서 밝은 표정으로 차 수리를 하고 있다.

7. 돼지 집을 그려보자!

책을 읽으며 돼지 찾기를 마치고, 청소와 빨래, 설거지를 하지 않으면 우리 집이 어떤 돼지 집으로 변할지 그려보았다. 아이들이 그린 지저분한 집 안에는 산더미 같은 쓰레기와 접시들 속에 돼지 전화기, 돼지 침대, 돼지 차, 돼지 식탁까지 다양한 돼지들이 있었다.

그림을 그리는 아이들 사이를 지나며 묻는다. "『돼지책』을 읽고 어떤 생각이 들었나요?" 단순하지만 명확하게 아이들은 『돼지책』이 말하려고 했던 바를 짚어낸다. "청소와 빨래는 중요해요", "설거지는 힘들어요", "요리를 안 하면 큰일이 나요", "집안일은 다 같이 해야

해요"라고. 돼지를 찾으며 아이들은 가사노동의 가치를 알고 왜 가족 구성원 모두가 함께 해야 하는지도 깨닫는다.

사실 아이들에게 왜 집안일을 같이 해야 하는지 설명하기란 쉽지 않다. 아직 작고 어린 마음 안에는 가사노동에 내어줄 자리가 없다. 그런 아이들에게 노란 화면 속에서 표정도 이름도 없는 엄마의 모습은 열 마디 설명보다 더 확실하게 메시지를 전달해준다. 집안일을 모두 맡아 하면서 밖에 나가 일을 하는 엄마는 '중요한' 회사와 학교만 다니는 사이먼과 패트릭만큼 존중받지 못한다. 이는 가정주부는 '집에서 논다'로 표현되고, 워킹맘은 남자처럼 직장을 다니니 좀 더 알아주지만 그렇다고 가사노동의 부담이 덜어지지는 않으며 기껏해야 '도움이 필요한' 존재로 취급받는 우리의 현실을 대변한다.

　　1986년도에 발행되고 한국에는 2001년도에 소개된 『돼지책』이 지금까지도 그림책 베스트셀러에 이름을 올리는 이유는 아직도 우리 사회가 노란 화면 속의 이름도 없고 표정도 없는 엄마들에게 가사의 모든 짐을 지우는 데 있지 않을까.

모든 말썽꾸러기 소녀들에게
『롤러 걸』

솔리

열한 살 생일 선물로 나를 유독 예뻐하는 이모에게 빨간 코트를
받은 적이 있다. 빳빳한 백화점 쇼핑 봉투에 담긴 옷을 그때 처음
받아보았다. 아랫단이 치마처럼 쫙 펼쳐지고 깃과 소매에 하늘하늘한
여우털이 달린 그 코트를 지금도 기억한다. 그때까지 내가 입었던
모든 옷 중에서 아마도 가장 비쌌을 빨간 코트는, 받은 지 일주일도
채 못 되어 결딴이 나고 말았다. 울타리에 기어올라 꼭대기에서
뛰어내리다 울타리 끄트머리에 밑단이 걸려 북 뜯어져버렸기
때문이었다. 당연하게도 들은 꾸지람은 주로 이런 말들이었다. "너는
도대체가 여자애가 되어서 어떻게", "여자애답게 예쁜 옷을 사줘도
소용이 없니?"

　끊임없이 물건을 잃어버리고, 손대는 것마다 부숴먹고,

덜렁거리기만 하는 나였지만, 무엇보다 잘하는 것이 한 가지 있었다. 말싸움이라면 나는 그 누구에게도 지지 않을 자신이 있었다. 상대가 어른이라고 해서 예외일 수는 없었다. 내가 내 의견을 굽히지 않고 논리적인 근거를 들어 또박또박 주장할 때면, 어른들은 나를 향해 말하곤 했다. "얘는 도대체가 여자애 같질 않아!"

여자아이들은 끊임없이 모순되는 두 가지 메시지를 듣는다. 하나는 '여자다워야 한다'는 것이고, 다른 하나는 '여자다운 것은 남자다운 것보다 못하다'는 것이다. 여자아이들은 '여성성'이라고 불리는 특징들을 내면화하는 동시에 혐오하도록 길러진다.

남자아이도 여자아이도 성역할 고정관념의 틀 속에서 각자 나름의 괴로움을 겪지만, 여자아이에게 요구되는 일의 목록이 유독 더 길고 복잡한 것만은 틀림없다. 여자아이는 '여자아이이기 때문에' 얌전하고, 꼼꼼하고, 친절할 것을 요구받는다. 그러면서 동시에 '여자아이라고 해도' 너무 소심하거나 속이 좁아서는 안 되고, 무엇이든 열심히 하려는 의욕이 없어서도 안 된다. 한마디로 여자아이는 완벽해야 한다.

심리학자 캐롤 드웩은 IQ지수가 높은 5학년 학생들에게 5학년이 풀기에는 너무 어려운 문제를 주고 어떻게 반응하는지 관찰하는 실험을 했다. 여자아이들은 쉽게 포기했으며, IQ가 높을수록 더 쉽게 포기했다. 남자아이들은 달랐다. 어려운 문제를 도전이라고 생각하고 재미있어했으며, 문제를 풀기 위해 더 많은 노력을 기울였다. 이것은 능력의 문제가 아니라 도전에 접근하는 자세의 문제다. 완벽하기를 요구받음으로써 여자아이는 위험을 무릅쓰기보다는 안전한 길을 선택하게끔 길러진다. 여자아이에게는 실패할 자유가 없다.

빅토리아 제이미슨의 그래픽노블『롤러 걸』은 '도무지 여자애답지 않은' 주인공 애스트리드를 통해 여자아이들에게 주어지는 이러한 구속을 하나하나 부숴나가는 이야기를 들려준다. 분홍색을 싫어하고 검은색을 좋아하며, 쇼핑이나 이성친구에는 도무지 관심이 없는 애스트리드는, 롤러스케이트를 타고 몸을 부딪치는 격렬한 스포츠인 롤러 더비 경기를 관람하고 '롤러 걸'이 되기로 결심한다.

　이 말썽꾸러기 소녀를 사랑하고 나아가 존경하지 않을 수 없는 것은, 몇 번이고 실패해도 도무지 포기할 줄을 모른다는 점 때문이다. 처음 롤러스케이트를 신고는 제대로 앞으로 나가지도 못했음에도, 주저 없이 롤러 더비 캠프에 신청서를 넣는다. 경험으로도 실력으로도 캠프에서 꼴찌이면서도, 롤러 더비에서 가장 중요한 선수인 '재머'로서 경기에 출전하겠다는 꿈을 버리지 않는다.

　발레를 좋아하고, 남자아이들과 사귀는 데 관심이 많으며, '여자애다운' 니콜과 애스트리드의 갈등에 대한 이야기도 흥미롭다. 니콜과 애스트리드는 원래 떼어놓을 수 없는 절친한 친구였지만, 애스트리드는 롤러 더비 캠프에, 니콜은 발레 캠프에 참가 신청을 하면서 두 아이의 갈등은 돌이킬 수 없이 깊어지고 만다.

　애스트리드는 니콜의 세계를 이해하지 못한다. 아니, 이해하기를 원하지 않는다. 애스트리드에게 니콜의 모든 것은 자신이 거부한

모든 말썽꾸러기 소녀들에게

'여자다움' 그 자체이기 때문이다. 그러나 애스트리드도 '여자다움'을 그대로 받아들일 필요는 없지만 무작정 미워하고 경멸할 필요도 없다는 사실을 배우게 된다. 니콜이 먼저 손을 내밀어 준 덕분이고, 애스트리드가 롤러 더비 캠프를 통해 자라나고 단단해진 덕분일 것이다.

『롤러 걸』속에는 니콜과 애스트리드, 즉 여성성 고정관념에 대한 순응과 거부 사이의 긴장과 갈등 그리고 화해가 있다. 조언과 격려를 주며 다음 세대의 여성을 이끌어주는 여성 롤모델, 애스트리드의 우상인 '레인보우 바이트' 선수가 있다. 서로에 대한 연대와 지지로 힘을 얻는 조이와 애스트리드의 우정에 대한 이야기가 있다. 그리고 무엇보다 끊임없이 넘어지고 실망하고 좌절하고 엉엉 울어도 다시 일어나는, 완벽하지 않은 주인공 애스트리드가 있다.

미국에서 아시안 여성 최초로 상원의원 선거에 도전했던 르쉬마 사자니는 TED 강연에서 "소녀들에게 완벽이 아니라 용기를 가르치자"라고 말했다. 나는 우리 여자아이들이 실패를 두려워하지 않고, 위험을 무릅쓰고, 무모한 도전을 하고, 좌절해도 다시 일어나는 사람으로 자라나길 바란다. "500명은 되는 사람들 앞에서 엉덩방아를 찧은 적 없지? 그 기분이란 … 놀랍게도 … 뭐 별로 나쁘지 않았어!"라고 말하는 애스트리드처럼 말이다.

알고 있는 여성 발명가가 있나요?
Women in Science

솜

"알고 있는 여자 과학자가 있나요?"라고 물었을 때 가장
먼저 떠오르는 인물은 누구일까. 아마 머릿속에 첫 번째로,
어쩌면 유일하게 떠오르는 인물은 마리 퀴리일 것이다. 최근
마이크로소프트사에서 여성의 날을 기념하여 여자아이들에게
"알고 있는 발명가의 이름을 말할 수 있나요?"라고 질문하는
내용의 광고를 만들었다. 알버트 아인슈타인, 니콜라 테슬라, 벤저민
프랭클린, 에디슨 등 아이들은 자신이 알고 있는 발명가나 과학자의
이름을 서슴없이 말했다. 하지만 "알고 있는 여자 발명가의
이름을 말할 수 있나요?"라고 물었을 때는 대답을 하지 못하거나
"아니요"라고 답했고, 학교에서는 언제나 남자 발명가들만 배운다는
사실을 지금 깨달았다고 말했다. 학교와 교과서에서 찾기 힘든 여자

발명가들, 정말 '존재'하지 않는 걸까?

　나 역시 기억나는 여성 발명가 이름이 없었다. 교과서와 지도서를 열심히 뒤져봐도 찾기 힘들었다. 아이들과 함께 보려고 한 EBS「허풍선이 과학쇼」라는 프로그램에도 여성 과학자는 마리 퀴리 한 명뿐이었다. 우리가 배울 수 있는 세계가 이토록 좁다는 것이 조금은 실망스러웠다. 그러던 중 미국의 한 서점에서 표지만 봐도 눈에 띄는 *Women in Science*를 만나게 되었다. 아직 한국에 번역되지 않았지만 도전하고 싶어지는 책이었다. 책의 부제는 '세상을 바꾼 50명의 선구자들'(50 Fearless Pioneers Who Changed the World)이다. 세상을 바꾼 여성 과학자와 발명가가 50명이나 되다니! 「허풍선이 과학쇼」를 보면서 왜 여성 과학자는 한 명밖에 없을까 의문을 가진 아이들에게 이 이야기를 들려준다면 얼마나 기뻐할까?

*Women in Science*라는 단순한 제목의 이 책은 고대 그리스부터 현대사회에 이르기까지 과학, 기술, 공학, 수학 분야에서 뛰어난 성취를 보인 여성들의 생애와 업적을 소개한다. 처음 책을 봤을 때 시선을 사로잡은 건 감각적이고 귀여운 표지와 일러스트다. 저자는 작가 겸 일러스트레이터로 자칫 지루할 수 있는 인물에 대한 이야기를 재밌는 그림들과 함께 참신하게 이끌어내고 있다.

　생전 처음 들어보는 이름이 너무나 많았다. 수학자 히파티아, 생물학자 마리아 지빌라 메리안, 동물학자 조안 뷰챔터 프록터, 물리학자 우젠슝, 무선 기술을 발명한 헤디 라마, DNA의 이중나선구조를 밝히는 데 결정적인 역할을 했던 로잘린드 프랭클린, 동물학자 제인 구달, 신경과학자 마이브리트 모세르, NASA의 수학자 캐서린 존슨…. 솔직히 책 한 권에서 50명의 여성의 이름을 마주할 수 있다는 것 자체가 생소한 경험이다.

이 책은 여성이기 때문에 받는 차별에 맞서 싸워 이겨내고 자신의 목소리를 내며 연구에 몰두했던 과학자들의 모습을 보여준다. 특히 인상 깊었던 인물은 리제 마이트너이다. 그녀는 오스트리아의 유대계 가정에서 태어났다. 과학을 사랑했던 어린 소녀는 여자이기 때문에 남들보다 더 노력해야 했다. 여성이라는 이유로 보수를 제대로 받지 못했고 실험실도 사용할 수 없었다. 게다가 유대인이라는 이유로 나치에게 탄압받았다. 하지만 리제 마이트너는 어려운 상황에서도 결코 자신의 연구를 포기하지 않았고 오토 한과 함께 핵에너지를 방출하는 핵반응, 즉 핵분열이라는 개념을 발견해낸다. 하지만 1944년 노벨 화학상은 오토 한에게 돌아갔다. 그녀의 연구와 업적이 부족해서였을까? '그렇다'고 대답할 수 있는 사람은 없을 것이다. 무엇보다 나의 마음을 사로잡은 것은 리제 마이트너가 핵분열을 발견하고도 핵무기 개발 계획에는 일절 참여하지 않았다는 데 있었다. 그녀의 묘비에는 다음과 같은 문구가 적혀 있다고 한다. a physicist who never lost her humanity(결코 인간성을 저버리지 않았던 물리학자).

한국은 어떨까. 최근 한국에도 여성 과학자, 공학자를 소개하는

『과학 하는 여자들』, 『공학 하는 여자들』이라는 책이 출간되었다. 『과학 하는 여자들』의 저자 중 한 명인 김빛내리 교수는 마이크로 RNA의 생성 과정을 밝히고, 마이크로 RNA를 통한 유전자 및 세포 조절을 이해하는 데에 크게 기여한 생명과학자이다. RNA는 우리가 잘 알고 있는 DNA와 함께 생명체의 유전 정보 전달을 담당하는 핵심 물질로, 최근 노화 방지, 생명 연장 연구의 핵심 과제로 떠오르고 있다. 김빛내리 교수는 세포 분화 과정에서 마이크로 RNA의 역할을 규명한 공로를 인정받아 2008년 여성과학계의 노벨상으로 불리는 로레알-유네스코 여성 과학자상을 받기도 했다. 업적과 성취 면에서 뒤지지 않는데도 여성 과학자들은 도통 알려지는 법이 없다.

　　요즘 아이들이 좋아하는 세계적인 과학자를 소개하는 어린이 책 시리즈가 있다. 아이들과 과학자 탐구 활동을 할 때도 참고 도서로 종종 이용하는 시리즈다. 시리즈 소개글을 보면 '오늘날 우리가 살아가는 세상 속에서 과학, 공학, 기술을 발전시킨 다양한 분야의 이야기를 담은, 초등학생이 꼭 알아야 할 과학 인물 학습 만화 시리즈'라고 적혀 있다. 40권짜리 시리즈 중 여성 과학자는 채 다섯 명이 되지 않는다. 그중 현재 생존해 있는 인물은 제인 구달뿐이다. 이 시리즈의 목록을 확인하고 나니, 어쩌면 이건 '존재'의 문제가 아니라 '기록'의 문제라는 생각이 들었다. 각자의 영역에서 고군분투하고 있는 여성들에게 관심을 보이지 않고 질문하지 않으며 끝내 기록하지 않는 사회. 앞으로는 우리가 바꿀 수 있지 않을까.

서두에 말한 마이크로소프트사의 광고에서는 아이들에게 여성 발명가들의 이름을 알려주며 그들의 업적을 짧게나마 알려준다. 아이들은 무척 놀라며 말한다. "우리는 이런 주제의 대화에서 늘 아인슈타인과 벤저민에 대해서만 이야기했지 여성들에 대한 이야기는 들어보지 못했다"고. 다음 질문은 이것이다. "이제 뭘 할 건가요?" 처음보다 훨씬 설레는 얼굴로 아이들은 답한다. 내 앞에 어떤 여성들이 있었다는 것을 안 것만으로 큰 동기부여가 되었다고, 세상을 바꿀 무언가를 발명하거나 만들 수 있을 거 같다고, 그리고 그것은 정말 멋진 일일 것이라고 말이다. 광고 속 아이들의 표정을 보고 있으니 나까지도 마음속에서 괜한 의욕이 생겨났다.

'왜 우리 주위에는 여자 과학자들이 없을까?'라고 의문을 가지는 어린이들에게, 수학과 과학에 자신감이 없는 친구들에게 이 책을 권하고 싶다. 또한 지워지고 숨겨졌던 여성 과학자들의 삶과 역사를 하나씩 살펴보며 그녀들에게 감사하다고 말하는 시간을 가지고 싶다. 마지막으로 과학을 잘하든 못하든 도전하고 더 노력할 수도 있었지만 과학은 남성의 영역이라고 은연중에 선을 그었던 어린 날의 나에게도 이 책을 선물한다.

이 책의 어느 독자는 매일 저녁 네 살이 된 딸과 함께 한 사람의 이야기를 읽고 기사를 찾아보며 대화를 나눈다고 한다. 그는 딸과 함께하는 이 시간을 좋아하며 늘 기다려진다고, 이 책을 통해 어린 소녀들이 수학과 과학을 더 사랑할 수 있을 것이라고 말했다. 이 책은 아이들에게만 필요한 것이 아니라 교사와 부모에게도 꼭 필요한 책이다. 그래야 넓은 세상 속에서 사는 아이들의 질문에 어른들이 대답할 수 있을 것이다.

아무리 달콤해도 마음은 편치 않은
『산딸기 크림 봉봉』

오늘쌤

이 책은 제목 그대로 '산딸기 크림 봉봉'이라는 디저트에 대한
이야기다. 산딸기 크림 봉봉은 으깬 산딸기에 하얗게 올린 생크림을
섞은 뒤 차갑게 굳힌 디저트이다. 설명을 듣기만 해도 꿀꺽 군침이
돈다. 이 그림책은 먹음직스러운 산딸기 크림 봉봉을 만들고 또
먹는 과정을 300년 전, 200년 전, 100년 전 그리고 최근으로 시대
배경을 바꾸어 보여준다. 똑같은 디저트지만 만드는 과정도 먹는
모습도 조금씩 달라진다.

　　300년 전에는 엄마와 딸이 산딸기를 따고, 우유를 짜고,
나뭇가지로 만든 거품기로 저은 뒤 얼음 창고에 넣어서 완성한다.
완성된 디저트를 아빠와 오빠들은 식탁에서 먹고 딸은 부엌에서
남은 것을 먹는다. 200년 전에는 흑인 노예 모녀가 산딸기를 따고,

배달된 우유를 철사로 만든 거품기로 저은 뒤 지하실 나무 창고에 넣어서 완성한다. 백인 가족이 남녀 상관없이 같은 식탁에서 디저트를 먹고, 디저트를 만든 흑인 모녀는 벽장 속에서 남은 디저트를 먹는다. 100년 전으로 돌아가면 모녀가 산딸기를 시장에서 사고, 배달된 우유로 반자동 거품기로 저어준 뒤 집 안에 있는 아이스박스에 넣어 완성한다. 가족들은 모두 부엌에 모여 완성된 디저트를 먹는다. 마지막으로 최근이다. 아빠와 아들이 장을 보고 전동 거품기와 냉장고를 이용해 요리를 완성한다. 완성된 요리는 파티에 온 다양한 인종과 다양한 연령의 손님들과 함께 한 자리에서 어울려 나눠 먹는다.

시대와 상관없이 변화하지 않는 것은 산딸기 크림 봉봉을 대하는 사람들의 반응이다. 만드는 사람들 모두 입가에 미소를 띠고 있다. 그 행복이 최고조로 달할 때는 단연 시식의 순간이다. 산딸기 크림 봉봉을 먹은 모든 사람은 "살살 녹아요, 녹아!"라고 하며 그릇에 남은 마지막 크림까지 싹싹 긁어 먹는다. 그림책을 보고 있던 사람들은 저도 모르게 침을 꿀꺽하고 삼키게 될 것이다. 만약 내가 그림책 속으로 들어가 "당신은 행복한가요?"라고 묻는다면 "네, 행복해요"라고 답할 것만 같다.

하지만 나의 마음은 어쩐지 불편하다. 모두에게 똑같이 맛있는 산딸기 크림 봉봉이지만, 그 음식을 만들기 위해 일하는 사람은 정해져 있다. 그리고 그 음식을 만들기 위해 노력했던 사람은 식탁에 앉아 먹을 기회조차 주어지지 않는다. 식사가 끝난 부엌 구석에서, 심지어는 벽장 속에 숨어서 산딸기 크림 봉봉을 먹으며 "살살 녹아요, 녹아!"를 외치는 모습을 보면 서글픈 마음이 든다. 요리하는 사람은 모두 여자다. 어떤 때에는 오직 흑인 여자이다. 이것은 이야기 속에서 나타난 우연이 아니다. 이 책은 산딸기 크림 봉봉이라는 디저트를 통해서 오랫동안 있어왔던 차별의 역사를 투명하게 보여준다.

　　이러한 차별에 불편함을 느낀 사람은 나만이 아니었는지 산딸기 크림 봉봉을 만드는 과정도, 또 먹는 모습도 계속해서 변화해왔다. 젓는 것도 세척도 불편했던 나무 주걱은 변화를 거듭해 2분이면 멋진 거품을 만들어내는 전동 거품기가 되었다. 남녀를 분리했던, 또는 인종을 분리했던 식탁은 이제는 모든 사람이 함께하는 것을 당연시한다. 이전에는 여성의 전유물이었던 부엌일도, 이제는 성별과 상관없이 함께하게 되었다. 이러한 변화는 누가 만들었을까? 대다수의 사람이 이 정도는 충분하다고 말할 때 '이건 불편하지 않아?', '이건 잘못되지 않았어?'라고 말하는 사람이었을 것이다. 말하는 용기까지는 없을지라도 적어도 구석에서 불만스러운 표정을 짓고 있었을 그 누군가였을 것이다.

　　하지만 여전히 불편하다. 기술이 발전해서 전동 거품기가 나왔을 때, 그래서 좀 더 손쉽게 맛있는 음식을 만들 수 있게 되었을 때, 여성의 가사노동은 과연 줄었는가. 얼마나 많은 아빠와 아들이 크림 봉봉을 만들고 있을지 궁금하다. "오늘은 아빠가 짜파게티

요리사"라는 익숙한 광고 문구처럼 그저 어쩌다 한 번 있는
생색내기용 요리를 두고 '짠! 이렇게 세상이 많이 변했어요' 하는 것은
아닐까 우려스럽기도 하다. 그렇다, 나는 행복한 장면을 보면서도
여전히 불편하다.

내가 페미니스트임을 밝혔을 때, 가장 많이 받는 질문 중 하나는 "이
정도면 충분한데 도대체 뭐가 그렇게 불편해?"이다. 사실 나에게
"당신은 행복하십니까?"라고 누군가 묻는다면 나는 "네"라고
대답할 것이다. 나는 행복하다. 나의 특성을 존중해주는 보호자
밑에서 성장했고, 이들은 현재 나의 좋은 친구이다. 주변에는
부족한 내 이야기에 귀 기울여주고 나를 사랑해주는 사람들이
있다. 매년 새로운 아이들을 만나서 사랑하고 사랑받는 것에서
행복을 느끼며, 그 일을 통해서 조금이지만 내가 번 돈으로 나의
생활을 꾸려나가고 있다. 하지만 이러한 개인적 나의 삶의 행복이
"현재의 우리 사회는 충분히 만족스러운가?"의 질문의 답과 같을
수는 없다.

나는 매일 삶 속에서 수많은 불편과 만난다. 젊은 여성이라는
이유로 식당, 대중교통에서 처음 보는 사람의 반말과 마주하고,
나의 외모에 대해서 평가하는 말을 들으며, 여전히 왜 결혼하지
않느냐는 똑같은 질문과 만난다. 매일 강간, 성추행 사건의 보도를
보면서, 익숙한 길에서도 혼자가 되면 불안감을 느끼고, 매일 집에
들어와서는 문단속을 반복적으로 확인한다. 이러한 불편은 학교로

이어진다. 첫 학교에서 나는 가장 경력이 낮은 여자 직원이었기 때문에 3년 동안 관리자가 시상할 때 옆에서 상장을 전해주는 시상보조였다. 첫 관리자가 퇴임할 때에, 또래의 교사들과 함께(여덟 명 중 단 한 명만이 남자였다) 걸그룹 노래에 맞춰서 춤을 췄다. 퇴임 이후 그 자리에 새로 발령받은 관리자는 나를 "아가씨"라고 불렀다. 아이들과 교실에서 함께 생활하면서 벌써부터 아이들의 삶을 물들이고 있는 불평등을 바라본다. 여자아이들은 아이돌과 자신의 외모를 비교하며 부지런히 자신과 친구들의 외모를 따진다. 함께 놀던 아이들이 3학년 즈음부터 남자아이들은 운동장, 여자아이들은 교실로 놀이 공간을 구분하기 시작한다. 4학년 이후부터는 여자아이들의 발표가 부쩍 줄어든다. 매년 남자아이들 중 한 두 명은 분노를 조절하지 못하여 주변 친구들에게 욕설을 하거나 물건을 던지고 심하면 신체적 폭력을 행사한다. 스포츠 활동을 즐기지 않고, 다른 친구를 놀리거나 괴롭히는 활동에 참여하지 않는 남자아이들은 '찐따'로 불리며 주류 그룹에서 배제된다.

이러한 현실 속에서 "이걸로 충분해. 우리는 행복해"라고 말하는 사람이 긍정적인 사람인가? 나는 그렇게 생각하지 않는다. 물론 인간은 모두 저마다의 삶에 적응하며 살아가기 마련이다. 나 역시 현재의 삶에 적응하여 살아가고 있다. 하지만 적응했다고 해서 그것이 옳은 것은 아니다. 그렇기에 나는 불편한 점에 대하여 고민하고, 그것을 끊임없이 이야기한다. 지금은 내 모습이 조금은 뾰족해 보이겠지만 나는 믿는다. 지금의 어떤 부조리가 지금을 살아가는 몇몇 사람의 말들로 조금씩 바뀌어서 언젠가는 "세상에, 그런 적이 있었어?"라는 놀라움과 함께 이야기되리라고. 이것이 우리 교실에 있는 우리 반 아이들의 삶을 조금이라도 행복하게 바꾸는 데에 도움이 되는 일이 될 것이라고.

아이들과 함께 이 책을 읽으며 질문을 던졌다. "무엇이 달라졌나요?" 아이들은 달라진 점을 예리하게 찾아냈다. 그러고 또 질문을 던졌다. "무엇이 달라지게 만들었을까요?" 마지막으로 질문을 하나 더 보탠다면 이렇게 묻고 싶다. "100년 뒤에 이 그림책이 다시 쓰인다면 어떻게 달라질까요?" 아이들이 이 책을 보고 '이제는 세상이 나아졌구나. 다행이야'에서 머무르지 않고, 이 질문을 통해 조금 더 고민하길 바란다. 자신의 삶에 남아 있는 불편함을 찾기를 희망한다. 그리고 그것을 바꾸기 위해 함께 노력하는 사람으로 성장해나가길 바란다.

지금, 나에게, 말해
『말해도 괜찮아』

정순

『말해도 괜찮아』는 실제 성폭력을 당했던 제시가 직접 그리고 쓴 이야기이다. 삼촌에게 지속적으로 성폭력을 당한 제시는 처음엔 이 사실을 숨겼지만 다행히 부모에게 어렵게 이야기를 꺼냈고 이후 치유 상담을 받으며 회복하는 과정을 그렸다. 제시는 같은 아픔이 있는 친구들에게 주위에 꼭 도움을 청하라고 말하며 이야기를 마친다. 나는 이 책을 읽으며 제시가 꼭 어른들에게 말하는 것만 같았다. 어딘가 말하지 못하고 앓는 아이가 있지는 않은지 돌아보고, 아이가 어렵게 말을 꺼냈을 때 아무 말 없이 안아주라고 부탁하는 것만 같았다. 그러니 이 책을 반드시 읽어야 할 사람은 교사인 나였던 것이다.

한국성폭력 상담소 2016년 통계에 따르면 전체 성폭력의 약 20퍼센트가 13세 미만의 유아 및 어린이를 대상으로 발생한다. 개인적으로도 주변 사람들과 이야기를 나누다 보면 어렸을 때 성폭력 피해를 입지 않은 사람을 찾기가 어려울 정도이다(이 글에서는 '성폭력'의 범주를 법조항에서처럼 성희롱, 성추행, 성폭행으로 구분하지 않는다. 피해자의 수치심을 유발한 모든 성적 가해는 '성폭력'으로 지칭한다). 또한 성폭력 가해자의 87퍼센트 이상이 '아는 사람'이다. 그중 33퍼센트가 친부, 의부 등 친족이며, 친족 성폭력은 성인이 되기 이전부터 시작돼 지속되는 특성이 있어 피해자의 74퍼센트가 청소년 및 아동이다. 피해를 당한 어린이가 용기를 내어 알려도 막상 보호자 선에서 신고가 가로막히는 사례도 많다. '아는 사람'이어서 문제를 만들고 싶지 않아서, 복잡한 절차를 거치고 싶지 않아서 아무 일 아닌 척 넘어가면서 제때 치유받지 못하고 상처를 안고 가는 생존자도 많은 것으로 파악된다.

실제로 담임한 학생이 친족으로부터 강제추행, 성폭력을 당했다는 사실을 알게 돼 교육청에 신고하고 관련 기관에서 지원을 받게 하는 경우가 종종 있었다. 하지만 가해자가 학생의 '보호자'이거나 친척 관계에 있다는 딜레마 때문에 피해자는 결국 적당한 선에서 합의를 보거나 기소를 포기하곤 했다. 『말해도 괜찮아』에서처럼 '나쁜 삼촌은 잡혀 갔어요'와 같은 정의 구현은 이루어지기 힘든 것이 지금 한국의 현실이다.

물론 한국도 친족 성폭력의 경우 주민등록등본 열람 제한,

주민등록번호 변경과 같이 지원 조치를 취하고 있다. 그러나 성폭력 상담 이후 법률이나 의료, 다른 기관의 도움을 받은 비율은 8.7퍼센트로 매우 낮다. 통계에 따르면 친족 성폭력 피해의 경우 상담 이전 조치 및 대응이 35.7퍼센트 불과하고 1년 이상의 피해 지속기간이 42.4퍼센트를 차지할 정도로 피해 생존자들이 피해를 즉각 호소하기 어려운 실정이다. 피해를 호소하고 고소 및 주거 변경과 같이 적극적인 해결을 한 뒤에도 원가족에 의한 2차 피해가 이어질 수 있기 때문이다. 친족 성폭력의 경우 피해자가 어린 시절에 발생하는 경우가 많고 나중에야 성폭력이라고 인지해 공소시효가 지나 법적인 해결이 어려운 경우가 많다. 장기적으로 피해 예방과 지원 체계가 뒷받침되어야 하는 이유이다.

초등학교에서 성교육은 학교에서 꼭 편성해서 운영해야 하는 교육 중 하나이다. 학교마다 차이는 있을 수 있지만 고학년의 경우는 강사 초빙이나 여러 자료들을 통해 교육이 이루어지고 있다. 그리고 모든 건에 대해 이렇다고 이야기할 수는 없겠지만 학교에서 발견 또는 발생한 성폭력은 즉시 교육부 및 성폭력 신고 센터 등을 통해 처리되고 있다. 교사 대상의 성폭력, 성희롱, 성매매, 아동 학대 관련 가이드북도 매년 갱신되어 배포되고 있다.

　학생용으로 배포되는 자료는 조금 다른 이야기를 하고 있다. 2017년 교육부에서 배포한 현장 맞춤형 안전교육콘텐츠 '성폭력 편'에 따르면 성폭력은 모르는 사람에 의해 발생하며(생김새와는 관계없음), 강제로 끌고 가면 "싫어요, 안 돼요" 소리치며 손이나 팔을 물거나 팔과 다리를 버둥거려 있는 힘을 다해 도망친 후 도움을 요청해야 한다. 성폭력 피해를 당했다면 일단 주위 어른들에게 피해 사실을 이야기하고 그림이나 글로 경험한 일을 적어둬야 한다고 조언한다. 하지만 안전교육콘텐츠에서 다루는 성폭력 가해자에 대한 내용은 현실과 다르며(성폭력의 가해자는 87퍼센트 이상이 아는 사람), 어떤 것이 성폭력인지를 명시하지 않아 학생들이 '이건 성폭력일까?' 하고 헷갈리게 만든다.

『말해도 괜찮아』에서 가장 좋았던 것은 피해자들에게 혼자 끙끙대지 말고 도움을 청하라는 말과 함께 책 말미에 유관 기관의 전화번호 리스트를 소개한 점이다. 이 전화번호가 고통받고 있는 누군가에겐 도움이 되기를, 그리고 결과적으로는 필요 없어지는 그날이 오기를 기원한다. 개인적으로는 아동 및 청소년들이 이용할 수 있는 해당 기관들의 SNS 주소가 알려지면 좋겠다.

    이 책은 성폭력 피해를 겪은 어린이들에게 어른이 취해야 하는 행동이 무엇인지 알려줌으로써 진정한 치유의 첫걸음을 실천할 수 있도록 돕는다.

초등성평등연구회 지음

초등성평등연구회는 공교육 현장에 난무하는 소수자 혐오와 성차별적 관행에 문제의식을 느낀 초등 교사들의 모임으로, 2016년 발족했다. 전국 각지에서 모인 초등 교사 22명은 한 달에 한 번 오프라인 정기모임을 가지고 페미니즘 교육 현안에 대해 논하면서 각자의 고민과 성평등 수업안에 대한 아이디어를 나눈다.

교과서 속 성 불평등 사례 찾기, 젠더적 관점에서 미디어 콘텐츠를 분석하고 비판적으로 수용하기, 역사 속 여성 인물을 조사하고 발표하기, 성별 간 임금 격차에 대해 알고 게임을 통해 간접 경험해보기 등 아이들과 함께 생각하고 질문하는 수업을 개발하는 데 주력하고 있다.

초등성평등연구회는 또한 다양한 강연과 글을 통해서 교문 밖 세상과 소통하며 페미니즘 교육의 필요성을 알리는 데 앞장서왔으며, 그 가운데 #우리에겐_페미니스트_선생님이_필요합니다 운동은 많은 사람의 호응을 얻었다. 이런 활동의 가치를 인정받아 제7회 이돈명 인권상을 수상하기도 했다.

twitter.com/teachersforfemi
facebook.com/rollerteacher

[김은혜]
고학년 담임을 맡으면서 혐오표현이 경각심 없이 사용되는 교실을 목격하고 페미니즘 교육을 실천하기 위해 고군분투 중이다. 아이들과 함께 자신도 발전해가는 페미니스트가 되기를 꿈꾸고 있다.

[버지니아]
성평등한 교실을 만들기 위해 열심히 공부하고 있는 초등 교사. 여성 작가들의 문학 작품을 찾아 읽는 데에 푹 빠져 있으며, 기혼 페미니스트로서 할 수 있는 일이 무엇인지 모색 중이다.

[서한솔]
식물, 고양이, 인테리어를 좋아하는 페미니스트 교사. 교사로서 성평등 교육에
대한 글을 쓴다.

[솔리]
페미니즘을 만나는 것은 교사에게 일어날 수 있는 가장 좋은 일이라고 생각한다.
교실을 바라보는 시선은 더 민감해졌고, 아이들을 만나는 나에 대해 더 많이
고민하게 되었다. 페미니스트 교사로 사는 매일이 행복하다.

[솜]
배움을 즐기는 페미니스트 교사. 아이들과 함께 페미니즘을 실천하는 교실을
꿈꾼다.

[오늘쌤]
성실한 생활인. '페미니스트 교사'라는 이름이 부끄럽지 않도록 노력 중이다.

[오수연]
나의 행복과 나와 만나는 아이들의 행복에 대해 고민하다 보니 페미니스트가
되었다. 내 자리에서 할 수 있는 일을 하기 위해 많이 배우고 실천하려 한다.

[이신애]
친구들은 내가 교사가 될 줄 몰랐다고 하고 처음 만난 사람은 내가 교사라니
놀랍다고 한다. 그럼에도 불구하고 교사 되길 잘한 것 같다. 페미니스트가 된 후
더더욱.

[정순]
페미니즘, 인권 교육을 수업과 생활에 어떻게 녹여내야 하나 고민 많은 페미니스트
초등 교사.

학교에 페미니즘을
초등성평등연구회 지음

초판 1쇄 발행 2018년 5월 8일
초판 2쇄 발행 2018년 7월 5일

발행처   도서출판 마티
출판등록   2005년 4월 13일
등록번호   제2005-22호
발행인   정희경
편집장   박정현
편집   서성진
마케팅   최정이
디자인   오새날

주소   서울시 마포구 동교로12안길 31 2층 (04029)
전화   02. 333. 3110
팩스   02. 333. 3169
이메일   matibook@naver.com
블로그   blog.naver.com/matibook
트위터   twitter.com/matibook
페이스북   facebook.com/matibooks

ISBN 979-11-86000-62-5(03330)
값 13,000원